# 揭开古文明未解之谜

**历史文化密码**

边学成 ◎ 编著

郑州大学出版社
郑州

图书在版编目(CIP)数据

揭开古文明未解之谜/边学成编著.—郑州:郑州大学出版社,2016.1
(历史文化密码)
ISBN 978-7-5645-1746-5

Ⅰ.①揭… Ⅱ.①边… Ⅲ.①世界史–古代史–文化史–青少年读物 Ⅳ.①K12-49

中国版本图书馆 CIP 数据核字(2014)第 114732 号

---

| | |
|---|---|
| 郑州大学出版社出版发行 | |
| 郑州市大学路40号 | 邮政编码:450052 |
| 出版人:张功员 | 发行部电话:0371-66966070 |
| 全国新华书店经销 | |
| 辉县市伟业印务有限公司印制 | |
| 开本:787 mm×1 092 mm  1/16 | |
| 印张:12 | |
| 字数:173 千字 | |
| 版次:2016 年 1 月第 1 版 | 印次:2016 年 1 月第 1 次印刷 |

---

| | |
|---|---|
| 书号:ISBN 978-7-5645-1746-5 | 定价:29.80 元 |

本书如有印装质量问题,请向本社调换

# 目 录

## 第一篇　中国古代文明寻觅

古崇国之谜 …………………………………… 3
汉代女尸与青龙白虎之谜 …………………… 5
"独目人"岩画之谜 …………………………… 6
世界第八大奇迹之谜 ………………………… 7
商初都城之谜 ………………………………… 10
夏墟的具体位置之谜 ………………………… 13
盘庚迁都之谜 ………………………………… 16
楼兰人种之谜 ………………………………… 19
虞姬墓之谜 …………………………………… 21
"妇好"之谜 …………………………………… 24
古墓沟古墓之谜 ……………………………… 27
"墓祭"之谜 …………………………………… 29
禹王葬身地之谜 ……………………………… 32
秦人墓朝向之谜 ……………………………… 34
秦始皇的传国玉玺之谜 ……………………… 37
姑苏台遗址之谜 ……………………………… 43
朝汉台之谜 …………………………………… 45
八阵图遗址之谜 ……………………………… 48
古崖居之谜 …………………………………… 51
赵佗陵墓之谜 ………………………………… 51
秦汉古城之谜 ………………………………… 54

| 甘露之谜 | 60 |
| --- | --- |
| 中国古代的飞碟之谜 | 61 |
| 青铜短剑之谜 | 63 |
| 二里头遗址之谜 | 66 |
| 鲁班与公输般是否是同一人之谜 | 67 |
| "舞蹈彩陶盆"之谜 | 69 |
| 泰山封禅起始时间之谜 | 71 |
| 东西方的交通开端之谜 | 73 |
| 中国的古长城之谜 | 74 |
| 马王堆古尸不腐之谜 | 78 |
| 阿房宫的名字探秘 | 80 |
| 银针验毒之谜 | 81 |
| 轮船是否起源于中国 | 82 |
| 丝绸之路探秘 | 83 |
| 越王勾践剑之谜 | 86 |
| 《木美人》之谜 | 88 |
| 敦煌藏经洞之谜 | 89 |
| 吕祖墓地址之谜 | 90 |
| 包公墓之谜 | 92 |

## 第二篇　文明古国遗迹之谜

| 孔雀帝国之谜 | 99 |
| --- | --- |
| 瞬间毁灭的印度古城之谜 | 102 |
| 古印度哈拉巴文化之谜 | 104 |
| 金字塔与秦皇陵的智慧之谜 | 105 |
| 金字塔之谜 | 106 |
| 木乃伊真能转世吗 | 112 |
| 金字塔"监工的监工"之谜 | 115 |

| | |
|---|---|
| 法老灵魂发射台之谜 | 115 |
| 孟菲斯及其墓地和金字塔 | 116 |
| 底比斯古城及其墓地 | 118 |
| 阿布辛拜勒至菲莱的努比亚遗址 | 119 |
| 埃赫那顿之谜 | 120 |
| 帝王谷之谜 | 123 |
| 埃及塔特王墓之谜 | 126 |
| 阿布米那的基督教遗址 | 128 |
| 美洲金字塔与埃及金字塔有没有关系 | 129 |
| 神秘莫测的亚历山大陵墓 | 131 |
| 埃罗拉石窟群 | 134 |
| 阿格拉古堡 | 135 |
| 文明之门罗塔尔之谜 | 136 |
| 古印度的印章之谜 | 137 |
| 摩亨佐·达罗人的死亡之谜 | 139 |
| 加济兰加国家公园 | 140 |
| 果阿教堂和修道院 | 141 |
| 盖奥拉德奥国家公园 | 142 |
| "死亡之丘"的发现之谜 | 142 |
| 阿旃陀石窟 | 145 |
| 法塔赫布尔·西格里城遗址 | 146 |
| 帕塔达卡尔的石雕群 | 147 |
| 泰姬陵 | 148 |
| 默哈布利布勒姆古迹群 | 149 |
| 坦贾武尔的布里哈迪斯瓦拉神庙 | 150 |
| 胡马雍陵 | 151 |
| "刺天剑"——卡帕多西亚石锥之谜 | 152 |
| 克久拉霍古迹 | 155 |

| | |
|---|---|
| 象岛石窟 | 156 |
| 神奇的雷姆里亚大陆之谜 | 157 |
| 摩亨佐·达罗的建筑之谜 | 162 |
| 古罗马道路之谜 | 164 |
| 特洛伊城之谜 | 166 |
| 卫城之谜 | 170 |
| 众神国土上的艺术之谜 | 172 |
| 古巴比伦的通天塔之谜 | 173 |
| 圆形竞技场之谜 | 175 |
| 美索不达米亚之谜 | 177 |
| 惊险奇幻的花园城市——巴格达 | 179 |
| 海底渔人之谜 | 180 |
| 古巴比伦王国遗址之谜 | 180 |
| 印度巨石自行"飞翔"之谜 | 181 |
| 希腊城邦的形成之谜 | 182 |

# 第一篇　中国古代文明寻觅

## 古崇国之谜

崇国是殷朝险恶的帮凶。崇侯虎在殷纣面前说了文王的坏话,文王就被囚禁于羑里达7年之久,因此,周文王早已对他恨之入骨。攻伐崇国,是周文王晚年的重大战略措施。在伐崇之前,文王先发动政治攻势。他向崇国的人民宣传说:崇侯虎政治腐败,贪婪成性。"百姓力尽,不得衣食,我将来进行征讨,唯为民乃伐崇。"(《说苑·指武》)与此同时,文王又说服了一些邻邦,联合了许多友好国家,相约一起出兵;因为崇国有高大的城墙,文王准备了钩、援之类的爬城工具和临车、冲车等攻城武器。这次伐崇战争,打得十分激烈,"军三旬而不降"(《左传·僖公十九年》),双方相持了一个多月。最后,文王终于攻破崇城,"执讯连连,攸馘安安",抓获了许多俘虏,斩杀了敌人大量的首级。从此,"四方以无侮""四方以无拂"(《诗·大雅·皇矣》),文王在四方国家中威望日益提高,奠定了剪灭商朝的基础。然而,文王所伐的崇国在哪里呢?学术界对此说法不一,存在着很大的分歧。

按照传统的说法,这个崇国在今陕西省户县东,西安市西。《诗·大雅·文王有声》说:"文王受命,有此武功,既伐于崇,作邑于丰。"历来的学者据此认为,文王伐崇将其攻灭后,就在这里"作邑",并迁都于此,改称为丰。显然,崇国即在丰邑附近,很可能崇国的都城就是后来文王所建的丰邑。《史记·周本记·正义》引皇甫谧云,"崇国盖在丰、镐之间";唐杜佑《通典》记,"崇国在京兆府鄠县"(即今陕西省户县)。这些记载都是这种意见的代表。直到现代,不少学者仍承袭此说。如孙作云在《诗经与周代社会研究》中认为,"崇国在今陕西县东南";高亨在《诗经今注》中说,"崇,古国名,在今陕西西安沣水西";杨伯峻在《春秋左传注》中也指明,"崇国在今陕西省户县东五里";谭戒甫作《先周族与周族的迁徙及其社会发展》一文断定,"商周有崇国,在丰镐之间是确实的"(《文史》第6辑)。可见崇国在今陕西中部之说,由来已久,相沿成习。

近几十年来,对于上述说法不断有人提出怀疑:

第一,伐崇是文王受命六年的军事行动。在这之前两年,文王已出击殷王畿西部的属国耆(一作黎,今山西省长治市南)。殷纣大臣祖伊报告周文王的军队已经打进畿内的消息,殷纣竟昏庸地回答:"我生不有命在天?"(《尚书·西伯戡黎》)次年,文王又攻到殷王畿西南部的邘国(今河南省沁阳县西北),离殷都朝歌只有150千米左右。如果崇国在今陕西户县东,离原来文王的都城程邑(今陕西省咸阳市一带)太近,仅25千米。文王对门口的大敌、成为心腹之患的崇国放着不管,而先去攻伐远方,向殷畿进逼,这是不可能的。

第二,在今河南省嵩县和嵩山一带,原来就有一个崇国。《国语·周语下》说:"其在有虞,有崇伯鲧。"韦昭注:"鲧,禹父。崇,鲧国。伯,爵也。"可见夏禹之父鲧所建立的就叫崇国。《国语·周语上》又载:"夏之兴也,融降于崇山。"注:"融,祝融也。崇,崇高山也。夏居阳城,崇高所近。"经考证阳城在今河南省禹州境内,禹州的西北靠近嵩山。那么,崇山或崇高山即今嵩山。相传夏朝兴起的时候,火神祝融降于崇山,可知禹父所建的崇国就在今嵩山附近。夏代的崇国很可能延续而为殷代的崇国。况且,《诗·大雅·皇矣》说,"崇墉言言","崇墉仡仡"。足见崇国的防御设施高大而坚固。这只能是依山筑城所形成的,与嵩山附近的地理形势也十分契合。

第三,崇侯虎曾在殷纣前谮毁周文王,说明崇侯与殷纣的关系早已十分密切,崇国的地理位置也应在今河南省殷畿附近,而不应远至今陕西中部与周国毗连。

基于上述理由,近人张荫麟的《中国史纲·上古篇》,现代学者金景芳的《中国奴隶社会史》,徐中舒的《西周史论述》(载《四川大学学报》1979年第3期),都主张文王所伐的崇国在今河南省嵩县、嵩山附近。

但有的学者仍不同意这种说法。他们认为《诗·文王有声》"既伐于崇，作邑于丰"中的"于崇"，是指䣅和崇两个国家。《史记·周本纪》，"明年伐䣅，明年伐崇侯虎而建丰邑"，就是据此而来。䣅与鄠古音同相通，䣅国也在今陕西鄠县境内，与崇国互为邻邦。只有攻灭了䣅国和崇国，文王才能作丰邑，迁都于丰，《诗经》和《史记》都说得非常明确。䣅和崇两国怎么会跑到今河南省境内去呢？

确定文王所伐崇国的地望，对于了解殷周之际的战略形势十分重要。陕西户县和河南嵩县、嵩山，相距三四百千米，主张崇国在前地或后地两说各有各的理由。有趣的是，《辞海》旧版释殷末的崇国"在今陕西省鄠县东"，认为这个崇国是"殛鲧之后所别封者"；新版则把"鲧之封国"和周文王所灭的崇国都定在"今河南嵩县北"。新版的说法自然还不是定论，两说的是非还需要认真鉴别。

# 汉代女尸与青龙白虎之谜

2002年7月7日，连云港金大工程公司的工人姜茂东在操纵挖掘机时意外带出一口棺材。姜茂东没有意识到，其实他正在为考古学家发掘一条谜语，而谜底还没有出现。

正是这个意外的挖掘，连云港汉代女尸出土。这个名叫凌惠平的女尸出土时保存完好，尸体皮肤鲜嫩，白皙润泽。这是继湖南长沙马王堆汉墓、湖北荆州汉墓之后又一次发现保存完好的汉代古尸。而古尸为何保存如此完好，现在仍是一个谜。

连云港女尸的发现只是近来考古重大发现的一个例子，历史有很多的断橼之处和未解之谜，而考古就是试图接上这些断了的链条。"正是近年来的考古重大发现，将历史的缺环弥补，并将中华文明大大地推前。"

中国社会科学院考古研究所副所长、博士生导师王巍说。

令人吃惊的是，河南舞阳贾湖遗址还发现了多件骨笛，这种7孔骨笛非但是装饰品，而且能演奏非常动听的音乐。同时在乌龟壳上发现刻画的符号，而这个遗址和现在时间的距离是8 500年。"当时先民已经掌握了相当成熟的音乐技巧。而传统观点认为，这种水平的音乐应该在春秋战国时期。"王巍说。

在东北一带，考古新发现同样让人欣喜。在赤峰，发现了8 000年前的部落。在一个名为查海的遗址中，就有一个石块堆起来的长达19米的龙的形状；而在河南濮阳一处遗址中，发现东边是龙、西边是虎的雕塑，具有青龙白虎的雏形。而传统考古认为，青龙白虎最早出现在战国时期，但这个遗址距今6 000多年。

在距今5 500至5 000年的辽西牛河梁遗址群，发现有大小不同的墓葬。距今5 000年至4 300年的南方良渚文化，在其遗址群中也发现了差别很大的大小墓葬：大墓葬里有上百件的玉器和雕刻的神像，而小墓葬里一无所有。表明当时的社会已经出现等级分化。

## "独目人"岩画之谜

新疆维吾尔自治区博物馆考古工作者在新疆北部青和县西北的一山沟中考古时，发现散落面积达数平方千米的铁陨石群。

令人称奇的是，在这里还发现了多处以陨石为载体、疑与外星人有关的文物。

发现者的助理研究员张晖说："根据陨石成分的密度及体积，初步推测其中有的陨石重量足有100吨以上。"目前世界上最大的铁陨石是1920年坠落在非洲纳米比亚的重60吨的"戈巴陨铁"。

"历史上青和曾发生过陨石雨大坠落，"张晖推测，"无论是陨石的散落面积、规模和数量,都堪称世界之最。"陨石分为石陨石、铁陨石、石铁陨石3种,其中铁陨石、石铁陨石极为罕见,而青和发现的陨石恰是这极为少见的品种。

令人称奇的是在这里还发现了多处以陨石为载体的文物。这包括用陨石雕凿而成的圆球状石人,以及刻在陨石上的牛、羊、马、骆驼等岩画,其中有一幅"独目人"图案陨石岩画与分布在世界许多地方的独目人岩画惊人地相似。

刻在陨石上的"独目人"头部呈圆圈状,中间绘有一眼,两手相连环置胸前,胸以下左右被两道圆弧包裹,只露出双脚。

张晖说:"内蒙古阴山岩画、宁夏贺兰山岩画、加拿大安大略湖皮托波洛岩刻、北撒哈拉岩画、埃及'德耶德支柱'上均有'独目人'图案,在青和发现的这幅'独目人'造型与贺兰山岩画中的'独目人'形象如出一辙。"

最早到中国探险的欧洲人——古希腊人亚里斯底阿斯在公元前7世纪东行至中国的阿尔泰山一带,并将旅行见闻写成了《独目人》一书。张晖认为,刻在陨石上的"独目人"很可能反映了当时有真实存在的超文明使者,这一岩画是阿尔泰语系诸民族萨满教的最主要的天神崇拜图。至于它的形成原因,还有待考古工作者进行研究。

# 世界第八大奇迹之谜

1974年在中国陕西临潼骊山北麓出土的秦始皇兵马俑,被誉为世界第八大奇迹。当你来到秦始皇兵马俑博物馆的展出大厅,你就会为眼前展现的一切所震惊:已经出土并被修复的千余件威武雄壮的秦俑,排开阵势,庄严肃穆,浩浩荡荡。其规模之宏伟和气势之磅礴,堪称空前绝后,举世无双。

2 000多年前,秦始皇统一了中国。称帝后,他一面派人寻找长生不老之药,一面派人驱使20多万民工到骊山为他建造陵墓。兵马俑坑便是秦皇陵的重要组成部分。

20世纪70年代,考古工作者在秦皇陵的东侧地下4~6米深处相继发现了一号、二号、三号兵马俑坑。一号俑坑面积为14 000多平方米,是一座土木结构的大型建筑。俑坑东端有5个门道,进门后是一条南北向的长廊,排列着面朝东方的3列横队武士俑,其后有11个门洞,步兵俑和车马俑相间对称排列成38路纵队,一直延伸到西端,构成了极其严整的长方形军阵,兵马俑总数达6 000之多。二号和三号俑坑在一号俑坑北侧东端,面积分别为6 000平方米和500平方米。二号俑坑平面为曲尺形,由步兵武士俑、驷马战车和徒手骑兵俑、骑兵俑四部分组成混合军阵,共有战车80余辆,车士俑200余个,陶马350余匹,骑兵俑110余个,步兵俑560余个,鞍马约110余件,还有大量至今还熠熠闪光的金属兵器。

出土的兵马俑中最高的是将军俑,高达1.96米。武士俑高1.80米,均身穿铠甲或战袍,束带,扎绑腿;或挟弓持箭,或手握剑、矛、弩机等武器,或手牵战马,或蹲跪作射箭状,身形各异,面容不一。陶马高约1.70米,与真马相似,战马的双耳直立前倾,额前两绺分鬃微向上翘,双眼正视前方,昂首作嘶鸣状,造型逼真,栩栩如生。整个兵马俑坑内陶俑和陶马的颜色是以红、绿、黑为主,再衬以蓝、紫、白、黄等颜色,色彩对比强烈而又十分和谐,更增添了军阵的威武雄壮。以实战的军阵组成的兵马俑,是秦始皇统率的"奋击百万""战车千乘"的秦军的一个缩影,给人以严阵以待的强烈印象和威武肃穆的艺术享受。

称兵马俑为"世界第八大奇迹",还在于它体现了中国古代的能工巧匠们高超的技艺和高度的智慧,在很多方面都创造了人类文明史上的奇迹。以复制陶马为例:秦俑博物馆里有个复制工厂,工人们复制出土文物个个都是行家能手。经过近十年的努力,现在已经能复制成功秦兵俑,但就是搞不出一匹陶马来。他们花了两个多月时间，好不容易用泥土雕塑了一匹马，放进窑里一烧，不是变形就是开裂。翻来覆去多少回，结果总是相同——竹篮子打水一场空！可这样的陶马，在兵马俑坑里竟多达600余件。我们不能不叹服古代能工巧匠们高超娴熟的泥塑工艺和制陶技术。我们完全有理由说，兵马俑是中国古代劳动人民高度智慧的结晶。

再以二号坑中出土的青铜剑为例，该剑长度为86厘米，剑身上共有8个棱面，科技人员用精度为0.02毫米的游标卡尺对它进行测量，发现这8个棱面极为对称均衡，每个棱面之间的误差都不到0.1毫米，也就是说，棱面宽度相差只有一根半头发粗细。目前这里一共出土了19把青铜剑，每一把剑的棱面误差，毫无例外地都在0.1毫米以内。

这些青铜剑在潮湿的兵马俑坑中已经度过了2 000多年，但当它们出土时，居然无蚀无锈，光亮如新，锋利如初，甚至还能切断发丝。经检验，青铜剑内部结构严密，没有砂眼，刀部磨纹细密，纹理平行而无交错。

这其中有什么奥秘？科学家们用先进的科学仪器进行分析，终于揭开了谜底。原来在青铜剑的表面有一层厚约0.01毫米的氧化膜，其中含铬2%。就是这层含铬氧化膜，起到了防锈作用，从而使它们历经2 000年之久而仍然熠熠生辉。

这个发现一经公布，让世界为之一惊。要知道这种铬盐氧化处理方法，只是在近代才出现的一种先进工艺。德国在1937年、美国在1950年才先后发明，并申请为专利技术。令人更加惊奇的事还在后头。当年在清理一号兵马俑坑的第一过洞时，考古工作者发现有把青铜剑被一尊秦俑压弯了，弯曲程度超过了45度。而在人们把秦俑移开后的那一刹那，奇迹突然出现了，这把又窄又薄的青铜剑竟立即反弹平直，自然复原！

## 商初都城之谜

自古以来的历史学家大都认为,汤是商朝的第一个帝王,他的所居地叫"亳",是商朝初年的首都。关于"汤居亳"的史料,在《史记》《尚书》《战国策》《逸周书》《孟子》《墨子》《荀子》等文献中均有记载。因"亳"与"薄"古音相同,可以通假,故"亳"又作"薄"。但古地名中称"亳"者甚多,汤所都之"亳"究竟在什么地方呢?自汉以来,这一重大历史疑案受到了学者们的广泛重视,各种意见纷纷问世,最著名的是"四亳"说。

第一说是"杜亳"。《史记·六国年表》:"夫作事者必于东南,收功实者常于西北。故禹兴于西羌,汤起于亳。"《集解》引徐广说:"京兆杜县有亳亭。"许慎在《说文解字》中则明确地说:"亳,京兆杜陵亭也。"其今地在陕西长安县。清人俞正燮也力主此说。但钱大昕不同意杜陵之"亳"是商汤的首都。他提出:"京兆之亳,乃戎王号汤者之邑;而徐广以殷汤所起,其不然乎?"所以此说近来已没什么人坚持。

第二说是"南亳"。此说首创于西晋皇甫谧的《帝王世纪》,他说:"殷有三亳:二亳在梁国,一亳在河南。南亳、偃师,即汤都也。"(《太平御览》卷五五一)又说:"梁国谷熟为南亳即汤都也。"(《史记·殷本纪》《集解》引)北魏郦道元的《水经·睢水注》也相沿此说:"睢水……又东径亳城北,南亳也,即汤所都矣。"唐魏王泰等撰的《括地志》则更进一步说:"宋州谷熟县西南三十五里南亳故城,即南亳,汤都也。"(《史记·殷本纪》《正义》引)但谷熟为"南亳"的记载在汉以前的文献中始终未见其端倪,且《帝王世纪》又兼说偃师为"南亳",所以给人增添了不少疑惑。故王国维等人否定了"南亳"说。

第三说是"北亳"。即薄县说。此说最早见于记载的是《汉书·地理志》。其云："山阳郡·薄。下注，'臣瓒曰：汤所都。'"又《诗·玄鸟·疏》引《汉书音义》曰："臣瓒案：汤居亳，今济阴薄县是也。今薄有汤冢，已氏有伊尹冢，皆相近。"（按：晋有济阴郡而无济阴县，此处有误。）此外，《帝王世纪》曰："蒙有北亳，即景亳，汤所盟处。"《左传·庄公十二年》："公子御说奔亳。"杜预解释道："蒙县西北有亳城，城中有成汤冢，其西又有伊尹冢。"又《括地志》云："薄城北郭东三里平地有汤冢，按在蒙，即北亳也。"（《史记·殷本纪·正义》引）所以，王国维据此材料，从"春秋时宋之亳""汤之邻国"和"汤之经略北方"三方面论证后，力主汤都在薄县。尽管如此，薄县为"北亳"，也同样未见于汉之前的文献记载，而且《括地志》既言谷熟为"南亳"，又说"北亳"是在薄，实在是令人费解。

　　第四说是"西亳"。班固在《汉书·地理志》中指出："偃师：尸乡，成汤所都。"郑玄说："亳，今河南偃师县，有汤亭。"（《尚书·胤征》孔《疏》引）《元和郡县图志》也说："偃师，西亳，汤都也。"此外，在《水经·谷水注》与《汲水注》《括地志》等书中皆有类似的记载。在"四亳"说中，汤都为"西亳"的史料最多，但清以来的学者孙星衍、金鄂、王国维等皆不赞成。因为史载"汤居亳，与葛为邻"，而偃师附近没有叫葛的地方，偃师之"亳"也不见东汉以前的文献，其称呼乃属后起。并且，从偃师的位置来看，与汤"韦、顾既伐，昆吾、夏桀"的作战顺序相反。但有人以1983年在河南偃师县境内发现的一座商代城址为依据，从考古学上论证了这座偃商城就是商汤灭夏之后的都城——"西亳"，并说明了古籍中的有关"西亳"材料是可信的。（赵芝荃、徐殿魁《河南偃师商城西亳说》，彭金章、晓田《试论偃师商城》，均载《全国商史学术讨论会论文集》。）随着河南偃师商城这一重大考古发展研究的不断深入，近来的学者渐趋于"西亳"说。

　　据研究表明：在商代，凡是商人居留过的地方，总要留下一个"亳"字，正如王国维在《说亳》中所说："古之亳名者甚多。"因此，除了"四亳"说之外，还有多种看法。一曰河南汤阴说。清人梁玉绳《史记志疑》引《路史·发挥》注云："汤特国中一邑名，今相之汤阴。成汤者，犹成周然。"二曰关中商州说。清末魏源在《书古微》中说："郑注谓契本封商国，在太华之阳，为战国商于之地，今陕西商州。故《史记·六国表序》言：禹兴西戎，汤起于亳……是汤都西亳，为元王契始封商州之地，故曰从先王居。"三曰博县（今山东泰安东南）说。丁山认为："学者必欲探寻成汤的故居，由'韦、顾既伐，昆吾、夏桀'两句诗的方位测之；疑即春秋时代齐国的博县。"（见《商周史料考证》）四曰河南内黄说。岑仲勉主张"以古史勘古迹，认汤都亳在现时内黄，实比其他各说最为可据"。（见《黄河变迁史》）

由此观之，商汤王的都城"亳"就像在迷雾中一样，令人晕头转向，不明所在。考古学家邹衡先生在否定了"四亳"说后，提出了"郑亳"说。即认为郑州商代城遗址就是商汤的都城——"亳"。何以见得呢？他指出，古代文献中所见东周时期的"郑地之亳"并非无考；从郑州商城出土的陶文可证明东周时期的郑州商城就叫"亳""亳城"或"亳丘"；从郑州商城的地理位置来看，与史书所说的汤都亳的邻国和其地望正相符合；并且郑州商城文化遗址的发现情况也与汤居郑地之亳相合。如郑州有一"杜岭"，其原名可能叫"杜陵"，恰商城又名"亳"，正好称为"杜亳"。这个郑州的"杜亳"才真是汤的王都，而人们所说的长安"杜亳"是后人附会上去的。（见《夏商周考古学论文集》）

李民同志力排众说，认为要指实汤都亳的地望，必须从夏、商时期的都城设置制度入手。他指出夏、商时期的都城设置往往是两都或数都并存，这是不同于后世一都独尊的显著特点。所以，从这点出发来解释商初都城地望的纠葛，就让人得到了一种新的认识。他指出，汤都的"亳"字冠以南、北、西，那是后人为区别三亳而起的地名称呼。实际上，商初只称亳（或薄），所谓南、北、西三亳都是商初的都城。其中"南亳"是商汤最早建立的都城，后因军事需要，在其北面百里处建立了"北亳"，成为商汤的一个军事大本营，灭夏后，商汤在原来夏都的附近建立了"西亳"都城。

商汤都城地望的确定，对研究商代考古和商代历史及解决夏文化问题具有重大意义，是古今学者高度重视而又争论不休的历史悬案，也可以说是一个历史地名之谜。从上面各种"汤居亳"的说法介绍中，君以为哪一种答案最正确？

## 夏墟的具体位置之谜

对夏文化的认识，一直是历史学界和考古学界所研究的重大课题，多年来一直是一个未解的悬案。这个显赫14代17王、近5个世纪之久的奴隶制王国，既有文献记载，又有人间传说，难道没有给我们留下一点痕迹吗？自禹至桀的漫长岁月里，其都城建在何处，考古界正努力去寻找，研究者力图把文献记载与考古发掘相结合找出正确的答案。

解决夏墟问题，必须要先解决夏文化问题，在解决夏文化问题之前，首先还要了解清楚夏文化人民活动的范围。

根据文献记载推测，夏人活动的大体范围，西起河南西部和山西西南部，东至今河南、河北、山东三省交界的地方，南接湖北，北入河北，夏朝的统治中心在今河南西部、山西南部地区，看来夏文化人民显赫在中原历史舞台上无疑。

文献中有较多的记载着"禹居阳城"的说法。《孟子·万章上》："禹居阳城。"《世本·居篇》："禹都阳城。"（《汉书·地理志注》颍川郡阳翟县下引）"夏禹都阳城，避商均也"。（《史记·封禅书·正义》引《世本》）《史记·夏本纪》："禹辞避舜之子商均于阳城。"

另外，文献中也较多地记载着"禹居阳翟"的说法。《史记·周本纪·集解》引徐广曰："夏居河南，初在阳城，后居阳翟。"《史记·夏本纪·正义》引《帝王世纪》云："禹受封为夏伯，在豫州外方之南，今河南阳翟是也。"《元和郡县图志》卷五河南府阳翟县条："阳翟县本夏禹所都，春秋时郑之栋邑，韩自宜阳移都于此。"又据《史记·封禅书》《正义》引《世本》云："夏禹都阳城，避商均也。又都平阳，或在安邑，或在晋阳。"《史记·孙子吴起列传》："夏桀之居，左河济，右泰华，伊阙在其南，羊肠在其北，修政不仁，汤放之。"

看来，夏禹所都大体上不会超出以上范围，但是史书上所载地名，与现实地名出入甚大，后人说法纷纭。例如阳城，一说在颍川郡阳翟县（今河南禹州）；一说在嵩山南（今河南登封）；一说阳城就是唐城（今山西翼城县西）；一说阳城在泽州（今山西晋城）；另外还有阳城在大梁（今河南开封）的说法，等等。

《国语·周语》，清代洪颐煊《筠轩文钞》中的《禹居阳城考》，论述甚详。近年来，在属于阳城地望的河南登封境内，发现了我国目前最早的城堡之一——王城岗城堡遗址。

但是，要确定一处京都，首先要解决的是夏文化问题，只有确立了夏文化，才能集中到探索夏都的范围上来。

早在20世纪40年代，有人认为仰韶文化是夏文化，也有人认为龙山文化是夏文化。只因当时积累的考古资料有限，研究者只能做一般的推测。

自1959年进行的"夏墟"调查，才正式展开了对夏文化的探讨工作，进一步把夏王朝的疆域集中到河南境内的豫中、豫西，山西境内的汾河中下游，特别是汾、浍、涑以及沁、丹水流域。

近年来，随着考古资料的不断积累，学者们也做了大胆的探讨，提出河南龙山文化晚期和二里头文化一二期为夏文化遗存；有人单独把二里头文化一二期列为夏文化遗存；还有人把二里头文化一至四期列为夏文化遗存。

河南登封王城岗遗址的发掘，不少人认为所谓"禹居阳城"与今日王城岗有一定的关系，并认为王城岗遗址的发掘是夏文化探索的重要收获。《人民日报》《光明日报》《北京日报》《河南日报》以及其他刊物先后报道了王城岗遗址的情况，并以认为王城岗遗址是夏代的重要城址。

文献记载中禹与阳城的关系是密切的，而王城岗遗址所在地理位置与文献记载中的夏都阳城的地望基本吻合，但是，一个文化的确立，特别是一处奴隶制王国都城的确立，都应具有令人信服的材料。夏鼐先生认为，关于夏都问题，"一般的探讨过程中，是先确定遗址属于某一王朝，然后再确定它是该王朝的京都。"又说，"如果这遗址属于是夏文化，也仍有是否有都城的问题，所以，这里首先要解决的是夏文化问题。"（夏鼐《谈谈探讨夏文化的几个问题》《河南文博通讯》1978年第1期）一旦夏文化解决了，夏墟之谜也就不难而破了。

根据文献记载来看，夏朝的都城与商朝一样，曾多次迁徙，但可以看出，夏朝的都城始终围绕着河南西北部和山西西南部这两个中心。前者可详见清代洪颐煊《筠轩文钞》的《禹都阳城考》，后者史书中也有较多记载，《左传》定公四年杜预注："夏墟，大夏，今太原晋阳也。"定公四年，"命以《唐诰》，而封于夏墟"。由此而产生了夏墟位"晋中太原"说和"晋西南"说。由于史书中对夏墟地望的记载比较分散，传说较多，而且夏文化遗址的分布也较普遍，故缺乏足够的材料加以论定。应该提及的是，夏王朝活动的中心和夏王朝统治的区域应该轻重分开，在探索夏墟问题上，应该从大范围集中到中心方面来。不管禹居阳城，或阳翟，或安邑，或晋阳，当然都是有可能的，但是，被禹所居过的地方，不一定就是夏朝的都城，另外，夏王朝是否在此建都，还应与有无大型或典型夏文化遗址的材料相印证。

综上所述，探索夏墟问题，只能在夏代活动的地域范围内，根据文献记载，结合考古发现，充分认识夏文化的渊源，了解它的社会发展阶段，掌握地域的分布范围和时间的断代，进行细致的分析和研究，这个问题就可以顺利得到解决。随着考古事业的迅速发展和考古资料的不断积累，破译夏墟之谜，一定为期不远。

# 盘庚迁都之谜

史称殷人征服夏王朝后，曾有过五次大规模的迁徙，其中盘庚迁都是最后一次，它对殷商的历史发展曾产生了深远的影响，令古今史家所瞩目。盘庚究竟把都城迁到什么地方了呢？

从现存的古代史籍来看，主要有两派观点：一种认为盘庚之都在黄河以南，另一种认为盘庚定都于黄河以北。具体说来，有以下几种说法。一、《史记·殷本纪·正义》引《括地志》云："《竹书纪年》自盘庚至纣之灭二百五十三年，更不徙都。"就是说从盘庚至帝辛，一直都于殷墟。《史记·项羽本纪》也记载道："项羽乃与期洹水南殷虚上。"《集解》引臣瓒曰："洹水在今安阳县北，去朝歌纣都一百五十里，然则此殷虚非朝歌也，《汲冢古文》曰'盘庚迁于此'；《汲冢》曰'殷虚南去邺三十里'。是旧殷虚，然则朝歌非盘庚所迁者。"二、《史记·殷本纪》说："帝盘庚之时，殷已都河北，盘庚渡河南，复居成汤之居……治亳，行汤之政，然后百姓由宁，殷道复兴。"《集解》则对此注明："郑曰：'治于亳于殷地，商家自此徙，而改号曰殷亳。'皇甫谧曰：'今偃师是也。'"综合上述史料可以看出，前者认为盘庚迁都于安阳，后者断定盘庚迁都于偃师。究竟孰是孰非，其他一些古代史籍也游移不定，或者两说并存，于是盘庚迁都于何地就成了一个似是而非的悬案。

自1899年甲骨文被发现后，河南安阳成了中外学者注目的焦点，大量的甲骨文资料在殷商史研究中得到了广泛的运用，取得了一系列的突破。著名的甲骨学开创者之一的王国维先生据此在《说殷》中肯定了《竹书纪年》的说法，认为河南安阳小屯"即盘庚以来之旧都"。自此以后，盘庚迁都于河南安阳殷墟的说法，在国内外学术界得到了普遍认可，成了历史书籍中的公论。

大半个世纪以来，随着殷墟出土文物的增多和研究的深入，以及其他商代遗址的发现，特别是偃师商城的发掘，有人对盘庚迁都于安阳殷墟的传统说法表示了怀疑或否定。河南偃师商城是在1983年春天发现的，是新中国成立以来我国田野考古最重要的收获之一，引起了考古、历史学界的高度关注。这座商城现存北、东、西三面墙址，南墙已被洛水冲去。北城墙长1240米，西城墙现长1310米，东城墙现长1640米。城的东西宽度不一致，北部1215米，南部704米，尸乡沟横贯其间，城南部有三座小城，居中的一座经探明，为宫城，另外两座分处宫城之西南面和东北面，为辅助建筑。城内有若干条纵横交错的大道，宫城前面的一条大道直通城南。整座城具有相当的规模。经发掘，城内考古文化层中的内涵基本是郑州二里岗时期的遗迹和遗物，并发现与二里岗上层相当的某段时间里，城墙曾做过修补，该城废弃的年代，约相当于二里岗上层晚期或更迟一些的时期。发掘者认为，偃师商城就是商汤所都的"西亳"。此说近年来得到了较多学者的承认。（见中国社会科学院考古研究所汉魏故城工作队《偃师商城的初步勘探和发掘》，载《考古》1984年第6期。）因此，盘庚迁都问题再次被旧话重提：盘庚是否迁于殷墟？殷墟就是殷都吗？偃师是怎样成为盘庚之都的？

据学者考证，今偃师县城一带就是古代的尸乡，亦即汉代以来学者所认为的汤都西亳之所在。最早把偃师尸乡与商汤都邑联系起来的是班固。他在《汉书·地理志》的河南郡偃师下自注说："尸乡，殷汤所都。"其后宋初《太平寰宇记·河南道五·偃师》条说，殷都"故城在今县西十里"，因此，有人结合文献与考古发现认定，偃师商城作为汤都之西亳，在仲丁迁嚣之后，它就被废弃了，后来对偃师古城进行重修并再次设都于此的商王就是盘庚。即如《史记·殷本纪》所载："盘庚渡河南，复居成汤之故居……治亳，行汤之政。"《史记·殷本纪·正义》引《括地志》也说："河南偃师为西亳，帝喾及汤所都，盘庚亦徙都之。"那么对于安阳殷墟怎样理解呢？自殷墟发现甲骨文以来，共出土的约15万片甲骨卜辞都是武丁至帝辛时期的遗物，盘庚时期的甲骨卜辞却未发现。

再从殷墟遗迹和出土遗物来看，属于盘庚、小辛、小乙时期的遗迹、遗物较少，丰富的遗迹、遗物始于武丁之后。所以，安阳殷墟不可能是盘庚所迁的都城，它"很可能是武丁才开始建都的"。丁山先生早在《商周史料考证》中指出："武丁始居小屯。"（彭金章、晓田《试论偃师商城》，载《全国商史学术讨论会论文集》）

在此研究基础上，有人在史料和结论上作了补充和发展。如《水经·谷水注》说："阳渠水又东径亳殷南，昔盘庚所迁，改商曰殷，此始也。"清人梁玉绳的《史记志疑》在"盘庚渡河南，复居成汤之故居"条的按语中明确指出："盘庚都西亳""盘庚迁偃师""偃师为西亳，即盘庚所徙者。""竹书谓盘庚迁北蒙非也。"并认为，如果盘庚迁殷也对的话，这个"殷"不是指安阳"殷墟"，而是指迁都偃师后"改国号商曰殷"。其次认为，安阳殷墟既不是盘庚之都，也不是"武丁始都之"的殷都，它"只能是商代晚期的陵墓区和祭祀场所"。这是因为自殷墟发掘至今，还没有找到有关城墙的任何迹象，也没有发现街道、宫城和大型宫殿。这些迹象的性质表明殷墟不具备王都的条件。经过多年的发掘，殷墟发现了大批墓葬，这些墓葬埋藏在"都城"内部，实在令人难以置信，所以，作者认为"如果说殷墟是殷都的话，那么，殷王陵就不该在这里；殷王陵既然在这里，那么殷墟就不是殷都"。这是因为都城与王陵总是相隔一大段距离的，不会混于一地。还有殷墟清理出的"所谓宫殿建筑基址不是都城中处理政事的宫殿而是用于祭祀的享堂或宗庙性建筑遗存"。既然殷墟不是殷都，那么殷商后期的都城在什么地方呢？作者指出，殷都应在与殷王陵，即殷墟相距不太远的地方，"可能是淇县朝歌"。（秦文生《殷墟非殷都考》，载《郑州大学学报》1985年第1期）

对于殷墟、偃师是否盘庚之殷都问题，另有人提出了新的看法。即殷墟、偃师都是盘庚所迁之都，现存文献中两说并存并不抵牾。这是因为夏商时期的都城设置往往是两都或数都并存，以一都独尊的制度是从周以后逐步形成的。所以，《史记·殷本纪》所说的"帝盘庚之时，殷已都河北，盘庚渡河南，复居成汤之故居"，实际上说明了"盘庚自奄迁后都河北（殷墟），后来又渡河在商汤的西亳重新建立了另一都城，以作为镇抚南部地区的军事重镇"。（李民《南亳、北亳与西亳的纠葛》，载《全国商史学术讨论会论文集》）

针对偃师商城发现后重新出现的盘庚未迁安阳殷墟之说，有人提出了质疑，指出文献材料和考古材料都不足以说明盘庚迁都于偃师商城。这是因为，一方面偃师说是西晋皇甫谧根据班固自注和自己构拟的三亳说推衍出来的，唐人又进一步发挥了这种说法，证据不足，而司马迁在《史记》中也未主张偃师说。另一方面，偃师商城的修补时间与盘庚迁都时间不一致。所以，文章坚持了传统的盘庚迁都于安阳殷墟的说法，并对殷墟非殷都说的论据一一辨析，予以否定。（孙华、赵清《盘庚迁都地望辨——盘庚迁都于偃师商城说质疑》，载《中原文物》1986年第3期）

总之，盘庚迁都是殷商史中的重要事件，但盘庚之都不是一个孤立的历史地理问题的考证，它还涉及怎样正确认识整个殷商史中的迁都地望及殷商都城制度等问题，因此，盘庚迁都于何方与其他殷商史难题一样，还需做深入的研究。

## 楼兰人种之谜

1980年春，孔雀河尾闾铁板河出土了一具保存完好的女尸，让人目睹了古楼兰人的风采。

在此之前，人们从来没有真正见过楼兰人的样了，更不用说这么直接、这么形象。

女尸的牙齿、毛发、指甲都保存完好，仿佛刚刚睡去。那健壮的骨骼、古铜色的皮肤让人相信她随时会站起来奔跑，甚至她的头发和鞋里的虱子都栩栩如生。好事的日本人为她做了一件复制头像，一时间，"楼兰美女"的称谓响遍世界。女尸系3 380年前遗存，属高加索人种。"楼兰美女"引起的震动，绝不亚于当初楼兰古城的发现。20世纪初，楼兰人种问题就成为楼兰文明最大也最为难解的谜。根据遗传学体质特征，现代人类被分为三大人种：蒙古人种（黄种人）、高加索人种（白种人）和尼格罗人种（黑种人）。人类学家根据人头骨的各种比例来判断人的种群属性。高加索人种一向被认为分布于欧洲、西亚和北非，而亚洲大部分地区和美洲则以黄种人为主。罗布泊地区古代居民属于什么人种，一直是考古学家和人类学家致力解决的问题。经100多年的努力，大致有了一个轮廓似的结论。

以古墓沟为代表的距今3000年前的古代居民为"典型的原始欧洲人种"。这是迄今所知欧亚大陆的时代最早、分布最靠近东方的欧洲人种集群。人类学家韩信康认为："至少在青铜时期，具有原始形态类型的欧洲人种已分布在罗布泊地区。"楼兰古城东郊东汉墓的头骨分析表明，此时的楼兰居民是"高加索人种的印度—阿富汗类型"。他们和古墓沟人同属白种人的范畴，但又是不同的分支。楼兰古城人种是否由古墓沟人演化而来，则没有证据。

典型的蒙古人种则出现得较晚，大约在汉晋时期的墓葬中才有发现。已有的考古材料表明，远在三四千年前，罗布泊地区最早的居民是白种人。而又在历史某个时期，他们悄然退出了他们生活的家园，不知去向了何方。一个世纪以来，中外学者一直致力于考证这个神秘民族的来龙去脉。他们是从什么地方，经过什么途径来到楼兰地区的？他们是谁，属于哪个民族？他们又是如何消失的呢？然而所有的考古材料都是零星的。于是，添加了想象与猜测的说法多种多样。比较流行的说法是：楼兰的欧洲人是远古时期一支漂泊东方的印欧人古部落。他们由于某种原因向东迁移，并最终定居下来。英国人类学家亨宁认为，他们就是公元前2300年左右出现在波斯西部的游牧民族古提人。公元前3000年来，古提人突然从此地消失，这一直是历史学中的一个谜。亨宁认为他们经过长途跋涉，迁入了罗布泊。反对迁移说的学者也有很多。这些人认为楼兰人就是罗布泊的土著居民。那么，到底楼兰人是从哪里来的，这仍然是一个未解之谜。

## 虞姬墓之谜

自封为"拔山盖世""西楚霸王"的项羽,是历史上一个著名的悲剧英雄。他自恃武勇,"欲以力征经营天下",最后落得自刎乌江的下场,连他的爱妾虞姬也同样自刎身亡。由于太史公在《史记》中,没有注明虞姬墓在何地,所以千百年来引起人们的猜测和探索。现基本上有四种说法。

**一种说法是虞姬墓在安徽省灵璧县。**

《中国名胜辞典》中载"虞姬墓在安徽省灵璧县城东7.5千米,宿(县)、泗(县)公路旁。墓前有一石碑,横额刻'巾帼英雄',右为'虞兮奈何自古红颜多薄命',左为'姬耶安在独留青冢向黄昏'"。此书的依据来源于清康熙二十三年撰的《凤阳府志》、乾隆年间撰的《灵璧县志》和《宿州志》。《灵璧县志》载:"灵璧城东十五里,与泗县接界处有虞姬墓。至今墓碑尚存,额刻'巾帼英雄'四字。有联语云,'虞兮奈何自古红颜多薄命,姬耶安在独留青冢向黄昏'。"

南宋诗人范成大出使金国,途经泗州,有诗多首,其一为《虞姬墓》。诗云:"刘项家人总可怜,英雄无策庇婵娟。戚姬墓处君知否?不及虞兮有墓田。"诗人在诗中自注,墓"在虹县下马铺(今泗县)三十七里"。《重修虞姬墓碑文》中也有记载:"灵璧之南,垓下之旧址也。其东则虞姬墓在焉。""或谓定远之南,亦有姬墓,彼葬其首,此葬其身,花歌草舞,傅会有之,头岱腹嵩,荒唐颇甚。"此墓碑文大概出自由旧本《楚汉争》编成的传统历史剧《霸王别姬》的故事。"项羽军壁垓下,陷入重围,兵少食尽,忧心忡忡。夜饮帐中,而对美人虞姬、骏马乌骓,慷慨悲歌:'力拔山兮气盖世,时不利兮骓不逝;骓不逝兮可奈何,虞兮虞兮奈若何!'霸王歌罢而泣,虞姬歌而和之。左右皆泣,莫能仰视。"

《史记》正义引《楚汉春秋》云,虞姬和词为:"汉兵已略地,四方楚歌声。大王意气尽,贱妾何聊生!"虞姬歌罢,拔剑自刎;项羽悲痛欲绝,就地刨个坑,将虞姬埋好,遂突围而出,仓皇南逃。

但清沈德潜编录的《古诗源》中,只收录了项羽的《垓下歌》,没有收录虞姬的和歌(《史记》中也无虞姬的和歌)。编者在书中注道:"虞姬和歌竟似唐代绝句矣。故不录。"由此看出,虞姬的和歌,大概是后人杜撰而来的。清俞樾在《茶香室丛钞》中指出:"清陈锡路《黄奶余话》云:唐傅奕考核《道德经》众本,有项羽妾本。齐武平五年(公元574年),彭城(灵璧)人开项羽妾冢得之。羽,美人见幸者,人知有虞耳。乃复有耽嗜元虚,整理铅椠,如此一侍儿,亦是大奇。"这又做何解释呢?如果灵璧的墓是虞姬墓,项羽在仓皇逃跑时,又怎能将关于另外美人的刻本记载放入虞姬墓中呢?由此推之,则灵璧之墓不可能是虞姬的墓。

**另一种说法是虞姬墓在安徽省定远县。**

《史记》正义引《括地志》云:"虞姬墓在濠州定远县东六十里,长老传云项羽美人冢也。"《寰宇记》也云:"虞姬墓,在(定远)县南六十里。"清康熙三十九年撰的《定远县志》亦载:"虞姬墓,即嗟虞墩,县南六十里,近东城。";"五尖山,山有五峰,县七十里,旧传项羽曾别于此"。定远县的虞姬墓今不见存,但在定远县当地,至今仍流传着虞姬随项羽逃到定远后自刎,葬在定远县的传说。

北宋熙宁四年(公元1071年),苏轼赴杭州就任通判,途经濠州作《濠州七绝》,其一为《虞姬墓》,诗云:"帐下佳人拭泪痕,门前壮士气如云。仓黄不负君王意,只有虞姬和郑君。"由此可知,在北宋时期,定远似已有虞姬墓。

**又一种说法:虞姬墓在安徽省和县。**

清道光年间撰写的《和州志》有:"美人虞姬自刎后,羽将其头系于马项下,突围骑奔,乃至一山下,原插在姬发上之兰花失落,后人遂更山名为'插花山',山上建有庙,曰'插花庙',亦曰'鲁妃庙'、'虞姬庙'。一云：在州北七十里阴陵山之阳，庙祀鲁妃，即项王之虞姬也。项王曾为鲁公，故以鲁妃传耳。妃甚有知，远近祷子者辄应。方春，男女奔赴庙。"直至今天，每年三月三日，当地群众都戴着野花到插花山的虞姬庙里祈祷得子。清光绪二十七年撰的《直隶和州志》也载："清朱彝尊《乌江谒项王祠题名》云：'去此祠（项王祠）三十里即阴陵故道。有虞姬墓，墓前有祠，村民祈子者，率祷祠下，必插花以识之。'"元张可久在《卖花声·怀古》中，也有"美人自刎乌江岸"之句。和县的虞姬墓有这样一个传说：项羽垓下被围，虞姬自刎后，项羽不忍将其尸首丢下，遂将虞姬头颅割下，挂在马头，将其身体就地掩埋，便匆忙突围。项羽本想将虞姬的头颅带回江东厚厚埋葬。但到了和县阴陵山，受农夫欺骗，陷入大泽中（即和县红草湖），被汉军追上。此时他只剩二十八骑，恐突围不出，只好将虞姬的头颅葬在阴陵山南面的小山上。后人为了纪念虞姬，便在山上建了墓，盖了庙。

**还有一种说法：相传虞姬墓在江苏省江浦县。**

今天江浦县南三十里有一个"兰花乡"，在兰花乡南七里桥林镇西，还有一座"失姬桥"。

相传项羽垓下突围后，逃到今天江浦县的兰花乡，遇到韩信的堵截，于是发生了混战，虞姬酷爱兰花，只见她头带碧玉兰花簪子，舞动双剑，跟在项羽的前后。她一不小心，将头上的兰花簪子失落在塘埂上，从此，这塘埂上、附近的山坡上和驿道旁，就长满了兰花。每逢春天到来之际，这里兰花开放，香气迷人。后来人们就将这口塘称为兰花塘，这个地方就称为兰花乡。霸王带着虞姬等人，冲破韩信的堵截，行了约七里，来到一座小桥边。这时天已大黑，不便作战，就地宿营。项羽想到今天自己落到这种地步，不由得心如刀绞，珠泪欲滴。虞姬见此情景，便舞剑劝项羽饮酒作乐。她舞着舞着，对项羽说道："大王望珍重龙体，妾先去……"话未说完，便自刎身亡。项羽呼喊着跪在虞姬身边，泣不成声。正在这时，左右马介来报，汉军前来夜袭。项羽只得收泪，将虞姬掩埋在小桥西边的田野里，带兵突围而出。从此，人们就将这座小桥称为"失姬桥"。直到今天，江浦当地的群众，对这两处，还以"兰花乡"和"失姬桥"的名字为地名，以此表示对虞姬的纪念。

以上四种说法，均有其说法的道理，至于虞姬墓究竟在何处，现在还不能断定。

## "妇好"之谜

河南安阳西北郊，洹水蜿蜒曲折，自东南向西北缓缓流去。洹水南岸的小屯村，曾先后出土1.7万余片甲骨，殷墟——这座在地下埋藏了3 000多年的商代后期王城，成为举世瞩目的地方。

1976年冬，距殷墟小屯村西北约100米处，考古工作者发现了一座中型贵族墓，这就是中外闻名的殷墟5号墓。5号墓出土的468件青铜器中，有许多铸有"妇好"铭文，考古学家们认为"妇好"就是墓主人。因此，5号墓又称作"妇好墓"。

"妇好"是何许人也？第一期和第三、四期的甲骨卜辞都有记载。据第一期卜辞所载，妇好是商王武丁时期一位地位显赫而又重要的人物，她曾统率军队与武丁配合，征伐北方的土方、西方的羌方、东方的夷和西方的巴方，武丁时代著名将领如澫澫、侯告等都在她的麾下。

武丁时期，为了加强对奴隶的镇压和对各方国的控制，经常把诸妇、诸子以及功臣等封在外地，让他们为商王朝征收贡赋，戍守边防。妇好也曾作为一个商王朝重要人物被封在外地，负责戍边和征赋。她为武丁主持过一系列重要的祭典，如侑祭、祭禳、御祭、宾祭等。

据郭沫若的考证，甲骨文"妇"下一字为女字，乃殷王武丁之妃嫔。商王武丁多妻，妇好就是其中之一。第一期甲骨卜辞中反映了妇好与武丁的这种特殊关系。武丁曾多次为她举行各种祭祀，以除去不祥，祈求福佑。武丁还多次向祖先卜问妇好有没有生育能力，当她怀孕以后，武丁占卜希望妇好为他生一个能继承权力和财富的男孩。

第一期卜辞记载武丁时期的妇好多达二百四五十条。第三、四期卜辞中出现"妇好"人名的仅五六条，反映妇好的身份和地位远不如第一期卜辞的丰富。根据董作宾的甲骨断代，第三、四期甲骨卜辞已是康丁、武乙时代，与第一期卜辞的武丁时代相去120余年，康丁、武乙时代的妇好与武丁时代的妇好显然不可能是同一个人。那么，5号墓墓主妇好究竟是哪个时代的妇好呢？目前，学术界主要有两种观点：一种认为墓主妇好是武丁的配偶，该墓当属武丁时代；另一种认为墓主妇好可能是康丁的配偶，该墓的年代可能是康丁、武乙年代。认为5号墓墓主妇好是武丁时代的，其论据主要有三：一是5号墓随葬铜器铭文的"妇好"，大量见于武丁卜辞（即第一期甲骨卜辞），墓室较大，棺椁讲究，随葬品丰富、精美而又有气派，还有大量兵器和妇女用的骨、玉制作的笄、梳等用品，反映墓主是一位地位较高的人物，只有第一期卜辞记载的武丁的王妃妇好才能与之相匹配。二是5号墓出土物中，有不少器物都具有殷墟早期文化的特征，时代上和武丁时期相符合。三是"妇好"组铜器与"司母辛"组铜器共出一墓，推测"妇好""司母辛"为同一个人，即甲骨卜辞所见武丁配偶之一的"妣辛"。"辛"是妇好的庙号，后来又称为"妣辛"。我们知道，甲骨卜辞中的称谓，即商王祭祀时对祖先的称呼不同于后世。凡与当时王同辈的和年龄相同的，均称兄；长一辈的称父（母）；长二辈称祖（妣）；小一辈则称弟。譬如商王小乙为武丁之父，武丁称小乙为"父乙"。小辛、盘庚均为武丁叔父，武丁则称其"父辛""父庚"。据乙、辛周祭祀谱，武丁有三个法定配偶：妣戊、妣辛和妣癸。有人据此推测"妣辛"就是妇好，"母辛"是武丁子辈祖庚、祖甲等对武丁法定配偶"妣辛"的称谓。"司"通"祀"，是"祠"的初文，作祭祀解。司母辛组铜器是武丁子辈为祭祀其母所作的祭器。

所谓"周祭"，是指商王对其先王（从上甲微开始）的轮回循环祭祀，从卜辞中可以发现，商王均以天干称名，所以周祭祀谱中经常出现相同的天干称名，如武丁的配偶中有"妣辛"，康丁的配偶中也有"妣辛"。第三、四期甲骨卜辞中有"司辛"。因此，有学者认为这"司辛"并非一定是武丁的配偶妣辛，也可能是康丁之配偶妣辛，妇好死后称为"司辛"，后来又被称为"妣辛"。第三、四期甲骨卜辞有"辛丑灋妇好祀"之句，这"妇好祀"辞意义尚未辨明，如是祭祀妇好之辞，她应在康丁时间就已死去，但这条卜辞也可能是卜问鬼神是否接受妇好的祭祀的，那么，妇好就可能在康丁以后才死去，这座墓可能属于武乙时代。

认为5号墓主妇好是康丁、武乙时代的，其主要理由还有以下几条：第一，从5号墓出土遗物的特点分析，它比的中国成立前在安阳殷墟小屯发掘的YM232、YM333为代表的殷墟文化第一期的时代要晚得多，因此，5号墓的年代不会早到殷墟文化第一期（武丁以前），而只能是在武丁到帝辛之间。第二，5号墓出土许多有铭文的青铜礼器，其铭文可分为"妇好""司母辛""司㸯母""亚灋""亚启""亚其""束泉"等七组，这七组铜器分别属于不同的族属或不同的人名，且各组器物互有特点，同一类的器物，其花纹、形制也不尽相同，因此，它们绝不可能是同时铸造的。七组铜器中，除有部分属于武丁至祖甲时代的外，还有相当数量的铜器具有明显的殷墟晚期文化的风格，根据考古学上以同出器物中的晚期器物断代的原则，5号墓绝不可能早到殷墟文化第二期（武丁至祖甲时代）。第三，将5号墓中形体最大的铜器"司母辛"大方鼎同著名的"司母戊"大方鼎相比较，可以看到"司母辛"大方鼎的形制、纹饰等都与"司母戊"鼎十分相像，重量也相差不多（司母戊鼎重887千克，司母辛鼎重809千克），两者的年代不会相去很远。据于省吾先生考证，"司母戊"大方鼎乃商王文丁为其母辈武乙配偶之一的"妣戊"所作的祭祀器，康丁的配偶是以"辛"命名的，那么，可以推测"司母辛"大方鼎是武乙为其母辈康丁之配偶"妣辛"所作的祭祀器，而不是武丁子辈为其母所作的祭祀器。

第四，5号墓出土一把有铭文的戈，在戈内的边缘刻有"卢方灋入戈（？）五"几个字，戈铭系刀刻，字体跟第一期甲骨卜辞显然有别，而跟第三、四期卜辞相近。戈铭提到卢方入贡，在第一期卜辞里，没有见到过"卢方",第三、四期卜辞里则有"卢方",所以从戈铭文的内容看,其时代当属甲骨卜辞的第三、四期,即康丁、武乙时期。从铜器铭文的字体、内容结合甲骨卜辞比较研究,有的学者根据不同的资料,提出不同意见,认为在第一期卜辞中,"妇好"有省为"好"的,5 号墓出土的妇好组铜器中,"妇好"也有省称为"好"的,可与卜辞相印证。另外,铭文"亚濋"、"亚其"的"亚"字,均写作""形,而且"亚"字都写在"濋"和"其"字之上,与侯家庄大墓 HPKM 1001 的一件鹿角器上的刻文"亚省"两字的写法一致,而与殷代晚期铭文写作中亚濋的写法不同。因此,5 号墓主应属武丁时期的妇好。

就目前来看,学术界多数人倾向于第一种观点,即 5 号墓主应是武丁时代的妇好,但第二种观点的某些分析也持之有据,有一定道理。造成两种观点分歧的缘由有二:一是对 5 号墓出土遗物的不同认识。二是在于对甲骨分期上的不同认识。目前,考古学界正在不断地探索和研究。可以相信,最后彻底证实殷墟 5 号墓墓主的身份和年代,已经为期不远了。

## 古墓沟古墓之谜

1979 年,新疆社会科学院考古所的一支考察队在罗布泊以西约 70 千米的孔雀河下游古墓沟发现和发掘了 40 余座古墓。当时,据南京大学地理系实验室测定的一个 $C^{14}$ 数据,这个墓地的建造年代距今 6400 年,加上随葬品中缺乏陶器,这些墓葬被认定是新石器时代遗存。有趣的是墓中死者有的衣着完整,头戴尖顶毡帽,帽上插几枝羽毛,显出死者特有的民族风貌。这消息一经报道,立即引起国内外学者的特别关注。

然而,两个月后,中国社会科学院考古研究所实验室也公布了两个年代数据,这是用同一墓中保存的毛布和棺木测定的。用毛布测得的年代只有 2 000 多年，用棺木测得的接近 4 000 年，这两个数据不仅与南大的数据相差很大，而且两个数据本身也相距 1 000 余年。作为一种解释，有人以为用毛布测定的年代接近实际年代，用棺木测定的年代偏高，是由于死者葬具用千年古木制成的。这个墓地距离著名楼兰遗址不远，加之毛毡在中亚的出现比较晚（约在公元前 6 世纪），因此有人认为这些墓葬的时代无论怎么说不会早于汉代楼兰王国以前，最多也不过 2 600 年。但令人费解的是在随葬品中没有发现任何受汉文化影响的遗存，相反，从楼兰遗址的墓葬中出土的汉代文物却屡见不鲜。后来又陆续测定了几个年代数据，全都在 3 000 年以上（大多在 3 800 年左右）。因此，这些古墓早于汉代以前建造的可能性依然不能排除。在初步报告的随葬品中，发现有数量不多的铜饰物，但未见报告有铁器存在。这种情况会不会表明它们是该地区青铜时代晚期的墓葬呢？

关于这些古墓中被葬者属于何等种族（人种）。他们生前是当地土著还是从别处迁移而来的，根据以往有些国内外学者的看法，有的认为罗布泊地区的古代居民是欧洲人种的阿尔宾（Alpine）类型，有的则认为与北欧诺的克（Nordic）类型有关，但都缺乏人类学材料的研究。近年来，从古墓沟、楼兰及和田等地区采集到的古人类学材料，对解决这个问题提供了重要的证据。据笔者近几年对上述材料的研究表明，古墓沟墓葬中的人类遗骨具有鲜明的欧洲人种古欧洲人类型特点，它们一方面与旧石器时代晚期欧洲克罗马农人类型有些相似，另一方面与近代北欧种族头骨有些相似。而这种类型在铜器时代的中亚、哈萨克斯坦、南西伯利亚及至伏尔加河下游有广泛分布，但到铁器时代以后，这个类型或逐渐向新的类型（如向中亚两河类型）过渡，或向西退去，或零散混杂于新的类型之中。由此推想，古墓沟墓地的居民与上述周邻地区的某些青铜时代较晚的居民有直接的血缘联系，或就是他们之中的一支。

更为有趣的是根据对楼兰城郊时代相当东汉时期墓葬人骨的研究，除了出现个别具有明显蒙古人种特点的头骨以外，其余多数属于欧洲人种的地中海东支类型，这个类型与古墓沟的类型在起源上并不接近。值得注意的是楼兰居民的欧洲人种特点与时代更早的南帕米尔古代塞克人（公元前6～4世纪）相同。最近，从和田地区桑普拉古代丛葬墓（时代可能在公元前后）出土的人类学材料，也具有同样的类型，这个墓地的地理位置也恰好占有帕米尔到罗布泊之间的过渡。由此联想，与史记汉代相联系的古楼兰人主要来源于西边的古地中海人种，他们至少在两千年以前越过帕米尔，沿着塔里木盆地的南缘前进到罗布泊地区。而这条路线正好就是著名的古代"丝绸之路"的南路。当他们到达罗布泊地区时，可能与早到的古墓沟类型的居民会合，创建了古楼兰王国。

## "墓祭"之谜

每当清明来临之时，人们不免勾起一阵哀思，想起死去的故人。于是，总要到死者的墓上祭扫一番，以表达对故人的怀念之情。这种扫墓的祭祀活动，称为"墓祭"。但是，在我国古代究竟有没有"墓祭"？对于这个问题，历来有两种截然不同的说法："古不墓祭"和"古已墓祭"。

从文献资料来看，最早提出"古不墓祭"之说的是东汉的蔡邕。他在《独断》中说："古不墓祭，至秦始皇出寝，起之于墓侧，汉因而不改。"东汉王充也有如此说法，他在《论衡·四讳》中云："古礼庙祭，今俗墓祀。"应劭《汉官仪》亦云："古不墓祭，秦始皇起寝于墓侧，汉因而不改。"（《后汉书·明帝纪》李贤注引）魏文帝黄初三年（公元223年）下诏也说："古不墓祭，皆设于庙。"（《晋书·礼志》）这种"古不墓祭"的说法为东汉以后许多讲究礼制的学者所信从。但是，清代学者对于这个问题存在着不同看法。顾炎武确认"古不墓祭"。他认为，按照古礼，成葬（即封好坟丘）以后，一般不再祭墓。只有"丧奔""去国"（即诸侯、大夫被迫离开自己的国土）这类重大事故，方才哭于墓，所以，他坚持"古不墓祭，宗子去在他国，事之变也；将祭而为坛，礼之权也"。(《日知录》卷十五"墓祭"条）把"望墓而为坛以时祭"，看作礼的权变办法。阎若璩反对顾炎武主张，认为蔡邕和魏文帝所说"古不墓祭"，并不正确。他的证据是《周礼》记载的冢人职责有"祭墓为尸"；《韩诗外传》提到曾子说"椎牛而祭墓"；还有《孟子·离娄下》那段有趣的故事：齐国有个人经常跑到郊外的冢墓间乞讨祭祀所余酒肉，回到家里还在自己妻妾面前瞎吹一通。所以，他认为"古已墓祭"。(见《四书释地》"坟间之祭"条）清末孙诒让也认为古有墓祭之法。他在《周礼正义》中指出："其子孙祭父祖之墓，礼经无文"以后，列举一些有关祭墓的文献资料，其中包括《史记·周本纪》关于武王出兵伐纣前祭祀文王陵的记载，最后肯定"古自有子孙祭墓之法"。这个古代有无"墓祭"的讨论一直延续到现在。目前学术界也存在着两种看法：一种是较多的根据古文献资料来研究，坚持"古不墓祭"。这主要反映在杨宽所著的《中国古代陵寝制度史研究》一书中。另一种是较多的根据考古材料研究，提出"古已墓祭"的相反结论。杨鸿勋和王世民分别在杂志上著文（见《考古》1981 年第 5 期、1982 年第 4 期和 1983 年第 8 期）同杨宽进行了热烈的讨论。他们之间讨论的分歧点，主要在以下三个方面。一、对于"古不墓祭"一语的不同理解。杨宽通过对中国古代陵寝制度的历史考察，认为"所谓'古不墓祭'，不是别的，就是指西汉以前没有'上陵礼'，没有像宗庙中那样隆重的祭礼"。王世民则通过对蔡邕、王充等人说法的上下文分析，认为"这里所谓的'墓祭'应该理解为'秦始皇起寝于墓侧'的情况下，那种'日祭于寝，月祭于庙，时祭于便殿'的祭祀活动。《礼记·祭义》讲到'礼不欲数，数则烦，烦则不敬'，王充等人的话，针对寝殿出现以后祭祀上过于烦琐的现象，不能据以断定秦汉以前绝无祭墓之举"。杨鸿勋则更直截了当地理解道："所谓'墓祭'者，在墓地祭祖之谓也。"无论采取怎样的方式，凡在墓地祭祖都是墓祭，"不能因为秦代以前不似东汉礼仪那样制度化（也许并非如此），而否认其墓祭的实质。"二、对于殷墟祭祀坑的不同认识。王世民把"安阳殷代王陵附近杀戮大批奴隶或战俘的祭祀坑",看成"是'古已墓祭'的直接证据"。杨鸿勋不仅从当时卜辞中的人祭材料推知殷人是有墓祭的,而且把殷墟祭祀坑看成是"殷人有墓祭"的"更加直接可靠的考古学材料"。而杨宽与他们的看法相反,认为殷墟排葬坑并不能证明当时已有"墓祭",因为"'它绝非专属附近某个大墓',而是集中杀人祭祀的埋葬场所"。三、由于在考古发掘中,发现商代、战国墓上有建筑残迹,这样与"墓祭"问题相关,产生了对墓上建筑是否用于祭祀的不同看法。杨宽认为,墓上建筑不可能是用于祭祀的享堂,理由有三点:其一是"先秦所有统治阶级祭祖的处所一律称宗庙";其二是根据古代礼制,"后妃居于配合祭享(或称配食)的地位,不可能把国王、王后甚至低于王后一级的夫人并列五间享堂而同时祭享";其三是按照古礼,"享堂不适宜造到坟丘顶上"。因此他认为,当时的墓上建筑应是供奉墓主人日常生活的"寝"或"寝殿",并用云南省的基诺族人"在墓上建屋每天献食"的民族学材料相印证。而考古学界的传统看法,认为墓上建筑就是用于祭祀的享堂。杨鸿勋从河北平山战国中山王墓出土的"《兆域图》自铭'堂'而不称'寝'"来看,"根据其祭享奉祀的建筑功能而把它称作'享堂',应该是可以的",因此就"不能以'古不墓祭'为根据,而否定墓上建筑与祭祀有关的事实"。王世民也同样认为,"根据考古发现,秦汉以前贵族墓地有祭祀活动应该是没有疑问的,否则便无法解释从殷墟妇好墓到平山中山王墓和辉县魏国大墓为什么都在墓上建筑'享堂'。规模宏大的'享堂',如果不用于祭祀,还会有什么用处呢"?由于"墓祭"是古代礼制的一个命题,所以,进行研究就要既从考古学的实际出发,又要对礼制演变的复杂性充分了解,才能弄清楚有关文献记载的本义,正确地解释考古现象,进而解决我国古代有无"墓祭"的悬案。

## 禹王葬身地之谜

浙江绍兴城南会稽山,相传是夏禹朝会天下,诸侯计功行赏于此而得名。会稽,据说还是大禹治水之处和葬地,而司马迁在《史记》一书中却说春秋末期的越王勾践,"封于会稽,以奉守禹之祀",是夏后帝少康庶子之苗裔。这个千古历史悬案,自20世纪20年代史学界以著名学者顾颉刚先生为首展开聚讼论争以来,迄今尚未取得一致的看法。

清代学者梁玉绳认为,大禹巡狩并葬会稽之事,不足依据。当时建国多在西北,不宜独偏江南,若果巡狩所至,总会东南诸侯,并不应远来于越。(见《史记志疑》卷二)顾颉刚先生即指出:"商周间,南方的新民族有平水土的需要,酝酿为禹的神话,这个神话的中心点在越(会稽);越人奉禹为祖先。自越传至群舒(涂山),自群舒传至楚,自楚传至中原。"(顾颉刚《讨论古史答刘、胡两先生》,载《古史辨》第1册)蒋炳钊、辛土成等先生认为司马迁之说大可值得怀疑,蒋先生指出:把越说成是夏代的后裔,从考古资料到文献记载都难于找到可靠的证据,越族不是夏族的后裔是很清楚的。系统地批判了流传已久的"越为禹后"说的错误。(见《"越为禹后"说质疑》,载《民族研究》1981年第3期)梁钊韬先生则主张在夏禹的时候,东夷越族已经成为华夏民族的成员,共同建立了夏国,因而东夷越族在传说中,流传他们是夏的后裔,其后文字记载便把越王勾践的祖先认为是源出于禹之后,是合理的。可能在夏之时,会稽在山东泰山附近,为东夷越族人所崇敬,其后苏、鲁地区与华夏民族融合,不再被称为越人,后浙江越人因怀念其先祖,会稽一名又出现在浙江。故这个传说颇有来历,并非随便臆造。(见《百越对缔造中华民族的贡献——濮、莱的关系及其流传》,载《百越民族史论集》1982年版)

刘宜均、赵鸣先生对林华东先生在《再论越族的鸟图腾》(《浙江学刊》1984 年第 1 期)一文注中认为夏禹是不可能到达浙江之说,提出了商榷意见,认为夏禹会诸侯于会稽山,及大禹死于会稽之事,史书中均有记载,尤以《越绝书》记述最详。依《越绝书》所载,大禹曾两次到过绍兴会稽,第一次是为了治水,并在此计功行赏;第二次是称帝以后巡狩江南时,病死于会稽,被葬在会稽山下。司马迁的说法是可信的。(见《禹葬会稽考》,载《浙江学刊》1985 年第 2 期)对此,林华东先生撰文就大禹与绍兴会稽的关系进行了全面剖析论证,答复了刘宜均、赵鸣先生。林文认为先秦古籍记载中的会稽并无确指就在今日的绍兴,逮至西汉,司马迁才提出会稽就在绍兴的观点,东汉以后,这个说法便被解释得更加具体,后代方志又大加附会、渲染,派生出种种传说来。绍兴会稽大禹陵、禹庙、禹穴,果真是夏禹圣迹吗? 林文认为欲解此谜,当从考古学入手,再印证以典籍,方能揭示当年原貌。如果大禹时代的宁绍地区已纳入夏之范围,那么,它在考古学上所反映出来的文化面貌,应与夏文化基本一致。目前,夏文化遗存是以河南偃师二里头遗址为代表,而浙北、宁绍地区相当于夏商时代的文化遗存主要是以上海市马桥遗址第四层为代表,即"马桥类型",两者分布范围不同,文化面貌更是差别很大,绍兴并非夏土是很清楚的,大禹绝不可能远离故地在此治水,或朝会诸侯,并葬于此。徐旭生先生也曾指出,当时"钱塘江以南的山岳丘陵地带,也不至于有洪水的泛滥"(《中国古史的传说时代》)。其实,王充早就对此提出异议,他在《论衡·书虚篇》中说:"舜至苍梧,禹到会稽,非其实也。"指出"夫言因山名郡可也,言禹巡狩会计于此山,虚也。巡狩本不致会稽,安得会计于此山"? 王充是汉代浙江上虞人,对于会稽逸闻古事,当有了解和调查,并不以司马迁之说为然。林华东进一步根据《管子·封禅》、《墨子·节葬下》和《史记》所载"禹封泰山,禅会稽",以及《淮南子·氾论训》高诱注"会稽"是"在泰山下,封于泰山,禅于会稽是也",和杨向奎、梁钊韬等先生的研究成果,认为早期的会稽应在山东泰山附近,绍兴会稽是由山东的会稽乔迁而来,这是同某支夏后裔南徙入浙有关。《吴越春秋》曾载范蠡筑越城成功后，怪山自生，说是从山东琅琊一夕自来，此文反映出越之先祖由山东南徙之若干史影；《越绝书》载越王勾践灭吴后迁都琅琊，也不无重返桑梓之嫌。当时，夏人抵浙后，逐渐与当地土著融合在一起，并慢慢占据统治地位，后因怀念其先祖，故会稽一名及其与大禹的传说亦便出现在浙江了。这种例子不在少数，而司马迁因相距年代久远，不明其中底细，误把乔迁的绍兴会稽当作山东泰山附近的会稽，致使后人欲识其真面目，诚非易事。（见《绍兴会稽与禹无涉——兼论於越源流》，载《浙江学刊》1985年第2期。）陈桥驿先生的《"越为禹后"说溯源》（载《浙江学刊》1985年第3期）文中即主张大禹巡狩会稽和死葬会稽的故事，是越王勾践强大以后，为了军事上、外交上和内政上的需要，有意编造出来，并加以散布，属托古之辞。少数民族为了政治上的原因而编造一种传说以自称汉族后裔的事，在以后的历史上一直存在，不足为奇。

## 秦人墓朝向之谜

根据对秦国墓葬的考古发掘，人们发现，秦人葬俗与中原地区的传统葬俗有许多不同的特点，其中之一就是墓的朝向。先秦时代，中原地区的葬俗是死者北首而葬，墓向朝南；而秦人葬俗是西首而葬，即墓形往往呈东西方向，死者头向西（多数偏西北）。考古学界对于无墓道的竖穴墓习惯上以头向作为墓向，但是，秦公陵园经钻探和发掘已经证明32座大墓的主墓道都在墓坑东端，全部朝向东方。著名的秦始皇陵根据道墓和兵马俑的位置判断，也是朝向东方的，因此，还是以头向的相反方向作为墓向更加合理，下面引文中的"西向墓"即为"东向墓"。据有人统计，关中地区已发掘的秦墓，墓向东方的占80%以上。由此，人们不禁要问：秦人葬俗为什么取墓主头向西、墓朝东方呢？许多学者对此猜测纷纷，提出了各种解释和假设。

就在发现雍城秦公墓朝向东方时,就有人分析,"当时作为诸侯国的秦国,地处西陲,正想向东方扩张并吞六国,这种葬仪表示秦公东进的雄心"。(见1986年5月17日的《文汇报》所载郑重《古墓之谜》一文。)这种用"东进"等政治原因来解释秦人葬俗的观点,引起了其他学者的异议。叶文宪通过史料考证,认为"秦国在都雍时期只是一个二三流的弱国,绝不会产生'向东方扩张并吞六国'的非分之想"。他进一步发问:"如果说秦公墓朝向东方是为了'东进',那么秦始皇统一后已经不需要再'向东方扩张并吞六国'了,为什么秦始皇陵还要朝向东方呢?"再退一步讲,"如果说秦公墓面向东方是为了'东进',那么那些身份高低不一乃至不名一文的秦人墓为什么都头朝西方,墓朝东方呢?"因此,他认为"用'东进'来解释秦公墓的朝向是不通的"。(见《历史教学问题》1987年第1期)

在讨论秦人墓向时,必定牵涉到秦人来源问题。然而自20世纪三四十年代起关于秦人来源问题的讨论中,就有两种相反的说法,概言之可称为"东来说"和"西来说"。叶小燕倾向"西来说",她在《秦墓初探》一文中认为,秦人葬俗"头向西为主,可能寓意他们是来自我国西部"。(见《考古》1982年第1期)叶文宪在另一篇文章中不同意用"西来说"解释墓向,他反问道:"如果秦人西首而葬是寓意他们来自我国西部的话,那么中原诸夏北首而葬难道是寓意他们来自我国北方吗?"可见,"此说法显然不通"。

叶文宪根据《史记·秦本纪》的记载考证,认为秦人与东方的殷人、夷人都起源于"玄鸟陨卵"的神话传说,即有着共同的鸟图腾崇拜。又,秦人祀少皞之神,传说少皞嬴姓祖,居于东方。

因此他认为,"正因为秦人起源于东方,东方是他们祖先曾经生活过的地方,所以他们才会对东方具有这种特殊的感情",由于"秦人迁居西陲年代久远,西陲距海岱又路途遥远,中间且有强敌阻隔,没有必要也没有可能像齐太公子孙'反葬于周'那样去追随祖先,而这种朝向东方的葬俗恰恰能表达他们'不忘其本',返本归根的心理"。

但有些学者不满足于上述的种种解释，因为有的主要是根据文献得出结论的，有的虽然用了一些考古材料，但有关秦文化的考古发现仍局限于东周至秦统一后这一段历史时期，更早阶段的秦文化尚未被认识，因此，得出的结论还不能令人信服。

赵化成在《文博》1987年第1期发表的《寻找秦文化渊源的新线索》一文中说，他们根据《史记·秦本纪》的记载，西周时期秦人是活动于甘肃东部一带的，于是在甘肃东部一带做了一些考古调查和发掘，后来，终于在天水地区的甘谷县毛家坪和天水县的董家坪找到了西周时期的秦文化遗存。"西周时期十二座都是东西向的长方土圹竖穴墓，葬式均为屈肢，其中八座蜷屈特甚，死者的头向均朝西。"赵化成就用毛家坪西周时期秦"西向墓"与甘肃地区古代文化中流行的"西向墓"作比较，像齐家文化大部分都是西向偏北的葬俗，卡约文化也比较流行西向墓，因此，他提出新的看法，认为"秦的西向墓可能同屈肢葬一样，也与甘青地区古代文化有一定关系"。

那么这种头向西、墓向东方的葬俗含义是什么呢？他认为"这种西向墓的含义从毛家坪西周时期秦文化就使用这种葬俗来看，其本义并不代表秦人是来自西方的，因为这时秦人并未东迁"。"它的本来含义同屈肢葬一样当是与某种原始宗教信仰有关"。他并用四川省民委民族识别调查组有关"白马藏人"的葬俗材料来说，"白马藏人"对头向西而葬的解释是"日落归西，人亦随太阳走的……""葬时……面西侧卧，腿略屈，作睡觉状"。白马藏人自认为是氐族，而我们知道，近现代西北地区的氐羌族追根溯源是与古代甘青地区氐羌有着渊源关系的，因而赵化成认为"白马藏人屈肢葬和面向西的葬俗以及对这种葬俗的解释，对于我们理解甘青地区古代文化乃至于秦文化的屈肢葬和西向墓是有一定意义的"。

由于目前关于秦人来源、秦文化渊源的问题还有不同看法，并且，墓向本身作为一种葬俗，没有确凿的文字记载，也许我们现在还无法搞清它们的真正含义。但是上述这些不同的看法和解释，无疑给了我们许多启发。

## 秦始皇的传国玉玺之谜

公元前221年，雄才大略的秦王嬴政终于完成了统一大业，登上了始皇帝的宝座。为了便于传达各种命令、指示，他觉得应该有一方皇帝专用的大印，遂命丞相李斯亲撰印文，交给当时第一雕玉高手孙寿精心刻制。玉印雕好后，秦始皇十分喜爱，冠其名曰"国玺"。并且规定这个"玺"字今后不再尊卑通用，只限帝王所有。从此，这块没有生命力的石头更加不朽，被人看成皇权正脉的凭证。在秦以后的一千五百年中，无数英雄豪杰和爱做皇帝梦的各色人物，为了得到这方"国玺"，不惜兵戎相见，血腥夺杀，演出了一个个惊心动魄的故事。这方玉玺自然也被蒙上了扑朔迷离的神奇色彩，充满了一个个难解之谜。

那么，这方玉玺到底是怎么回事呢？

秦始皇刻制玉玺的详细经过，汉以前的史料中并无明确记载。玉玺的名称最早见于《汉书·元后传》，其时称为"汉传国玺"。对此，史学家班固解释说："汉高祖入咸阳至霸上，秦王子婴降于轵道，奉上始皇玺。及高祖诛项籍，即天子位，因御服其玺，世世传受，号曰汉传国玺。"但是，子婴献出的这方传国玺到底是什么模样，班固没有说明。最先描绘它的形状的是唐代学者徐令言，他在《玉玺记》中说："玉玺者，传国玺也，秦始皇取蓝田玉刻而为之，其书李斯所制，回文曰'受命于天，既寿永昌'，玺上隐起为盘龙文，文曰'受天之命，皇帝寿昌'，方四寸，钮五龙盘。"不难想象，这方传国玺当为宝中之宝，谁要想成为天下共尊的"真命天子"，谁就应该持有这一印信。只有这样，他的皇位才算合法，否则只是自封的孤家寡人。可是，封建皇帝又不可能一家独揽，传国玉玺也就在历史的长河中时隐时现。这里，就让我们循着传国玉玺的运行足迹，看看它是怎样传递的吧。据《玉玺谱》和《秦玺始末》等资料介绍，秦始皇自从有了这方玉玺后，视同自己的命根子，须臾不离其身。他做皇帝的第三年，南巡至洞庭湘山，忽然风浪大作，龙舟将倾，此时嬴政也知性命要紧，当即持玺祭神，不得已将其抛入湖中。后来，一位不知姓名的渔夫捞出了这件宝贝。八年后，秦始皇的一位使者路过宁秦邑平舒道（今陕西省华阴县西北渭河南岸），有人献上玉玺说："为吾遗滈池君。"秦始皇闻之大喜过望，遂又意外地得到了这方失掉的大印。

公元前206年10月，刘邦率军攻克秦都，秦王子婴以绳系颈，跪在咸阳轵道旁边，献上只传了十五年的御玺符节。刘邦见了大喜，他在洛阳正式称帝后，对此表示"服之，代代相受"，并正式更名为"汉传国玺"，放在深宫小心看守，使其稳稳当当过了二百多年时间。

西汉末年，王莽当权，小皇帝刘婴年仅两岁，尚不知传国玉玺的宝贵，只好由王莽的姑母汉孝元太后代为保管。王莽要当皇帝，派弟弟王舜去要传国玉玺，太后气愤地骂道：你们父子宗族"富贵累世，……乘便利时，夺取国玺，不复顾恩义，如此者狗猪不食其余！"说着，猛地将玉玺掷向王舜，当即被摔坏一角。王莽并不计较，将其捡来用黄金补好，虽说金玉齐贵，但这一价值无算的至宝，还是留下了令人扼腕的缺憾。

也许是个小小的巧合，这方被摔坏的传国玉玺在王莽手里也只攥了十五年时间。公元23年，王莽被商人杜吴杀死，传国玉玺被禁卫军将领公宾所得，公宾持玺到宛（今河南南阳），献给了已自立为帝的淮阳王刘玄。两年以后，赤眉军杀了刘玄拥立刘盆子，传国玺随即落入刘盆子之手，他也只是偷闲赏玩了一阵，不久即兵败宜阳（今河南宜阳县西），再也不敢将传国玺据为己有，只好乖乖地送给了光武帝刘秀。从此，它在洛阳宫内先后经过十一个皇帝，过了一百七十多年的安定生活。至东汉末年，十常侍乱政，汉少帝刘辩被张让等人劫走小平津（今河南孟津县东北黄河上），匆忙之中忘记带上这件宝贝，待尚书卢植追回汉少帝后，传国玉玺却不知到哪里去了。

不久，董卓专断朝政，曹操、袁绍等十八路诸侯起兵讨卓。豫州刺史孙坚率先攻入洛阳,在整修汉陵清扫宗庙时,发现城南"甄宫井"中有一溺死的宫女,脖子上挂了个金锁锦匣,打开一看,正是那方久觅之中的传国玉玺。孙坚萌生异志,以为可以面南称孤,遂交夫人吴氏小心看管。不料孙坚无缘享受,他很快就阵亡于岘山。袁术借吴氏扶榇归里之机,将她扣押并夺走玉玺,谁知袁术不久就死于寿春(今安徽寿县)。其妻护棺回汝阳,汝南太守仿效袁术的做法,不失时机地讨回了传国玺,接着又不辞辛苦地跑到许昌,将它呈给了汉献帝。而此时的曹操正挟天子以令诸侯,传国玉玺实际上落到曹操手里。

曹氏建魏以后,为了标明自己的小王朝是天命神授,又在这方传国玉玺的肩部增刻"大魏受汉传国玺"七个隶体字。仅仅过了四十多年,晋武帝司马炎又成了传国玉玺的主人。晋怀帝永嘉五年(公元311年)六月,前赵刘聪的大将王弥、刘曜率兵攻入洛阳,将传国玉玺抢到了平阳(今山西临汾市西南)。十八年后,后赵石勒灭掉了前赵,他仿照曹丕的做法,在玉玺的另一侧又刻上"天命石氏"四个大字。哪知老天并不保佑他,大将军冉闵杀掉了后赵的石鉴,将传国玉玺偷偷据为己有。两年后前燕国君慕容燨又灭掉了冉闵,宣称冉妻交出了传国玉玺,并特意改年号为"元玺"。事实上慕容燨连传国玉玺的影子也没有见到。原来他在攻打冉闵的老巢邺城(今河北临漳县西南邺镇)时,曾乞求东晋军队援助,濮阳(今河南濮阳县)太守戴施要挟他交出了传国玉玺,并立即派百余精锐铁骑,将它带到了建康(今江苏南京市),献给了晋穆帝司马聃。以后,传国玉玺在东晋六个皇帝手里渡过了七十多年的光景。

公元420年7月,东晋灭亡,传国玉玺几易其主,为南朝的萧梁所得。太清二年(公元584年)侯景作乱,从梁武帝萧衍手里夺走了传国玉玺。不久后,梁都督王僧辩打败了侯景,玉玺竟意外落入侯景的"机要员"赵思贤的手里。赵匆匆献给了刺史郭元建,郭氏自忖难成气候,便长途跋涉将其再献于北齐文宣帝高洋。当传至齐幼帝时,他无力看护这一宝贝,遂为北周所得。仅仅过了四年,又被隋文帝杨坚握在了手里。再过三十七年,天下大乱,义军蜂起,李渊父子起而荡平群雄。直到唐太宗登基，仍没见到这方传国玉玺，不免对此拳拳在念。贞观四年（公元630年），流落于突厥的传国玉玺姗姗归唐，李氏王朝置之左右，精心呵护，先后被二十三个皇帝（含武周）使用，在长安宫中安居了二百七十多年。

公元907年4月，朱全忠篡夺了唐朝的权柄，自然不会忘记拿走传国玉玺。但只有十几年时间，复入后唐皇帝之手。清泰三年（公元936年），石敬瑭引契丹兵至洛阳，唐末帝李从珂眼看江山不保，惊恐中登上玄武楼自焚身亡。"儿皇帝"石敬瑭等人遍寻玉玺不得，从此这一天下至宝又一次不知所终。没有了传国玉玺，虽说是件天大的憾事，但皇帝的宝座却不会因此空着。五代时期的诸多"真命天子"以及宋王朝的赵匡胤等人，照样有滋有味地当他们的皇帝。不过，也总想有一天玉玺再现，曾悬重赏搜求此宝。果然苍天不负孤家寡人，宋哲宗绍圣三年（公元1096年），咸阳农民段义在刨地时得到一方"背螭纽五盘"的玉印，看上去"色绿如蓝，温润而泽"，经蔡京、曾肇、李公麟等十三人反复鉴定，确认此印是"非汉以后所能作"的"真秦制传国玺"。但是，此物为何失于洛阳而重现于咸阳，蔡京等人没有一个能说得清楚。幸好宋哲宗未加追问，只顾乐颠颠地拿过来就用。可惜好景不长，这方传国玉玺也只用了三十年，徽、钦二帝做了金人的俘虏，玉玺也被同时掠走，慌乱中竟然不知丢在了哪里。

金灭元兴，江山再一次易主，但仍没见到传国玉玺的影子。元至元三十一年（公元1294年）五月的一天，御史中丞崔彧穿着便服在大街上闲逛，猛然见一商人持一玉印出售，崔彧拿来一看不由得两眼发直，这竟然是失踪多年的传国玉玺！他当即不动声色地买了下来。为了防止有伪，他回家仔细验看古玺鉴图，尺寸、样式和印文，果然与秦制传国玉玺分毫不差。崔彧按捺不住内心的激动，当下向皇帝郑重地写了贺表，将玉玺呈现给了刚刚即位一个月的元成宗铁穆耳。朝廷内外一致认为这是一大祥瑞，为此好好热闹了三个多月的光景。此玺又经元代十个皇帝的抚爱，到元至正二十八年（公元1368年）七月，元惠帝被明大将徐达赶出了大都,传国玉玺也被其带走。这方辗转于历代皇宫的御用大印,经过无数次兴衰荣辱的折腾,终于厌倦了封建独裁者的无情手掌,悄悄藏匿在茫茫大漠之中了。

传国玉玺找不到了,可是关于它的话题并没有中断,而且人们仍在期待它的再一次重现。当然,这并不是梦想当皇帝的需要,而是想更加全面、更加详细地了解它。历史学家想要解开这个千古谜团;地矿学家欲仔细考察它的质料;书法篆刻者希望借鉴它的技艺;考古学家等待鉴别它的真伪;还有那些古董商人更想借它扩充自己的腰包……遗憾的是这方传国玉玺像同人们捉起迷藏,千呼万唤不肯出来。这里,我们有理由要问:历史上究竟有没有传国玉玺?它还能不能重现于世?根据王廷治等专家们的考察,答案是否定的。

第一,从印文字体看。自宋代起,一些金石书画的资料中对于这方传国玉玺多有描摹。如南宋文字学家薛尚功在其《历代钟鼎彝器款识法帖》中载有一种传本,文字俱为鸟虫篆。众所周知,秦始皇时代的官印字体皆用李斯的规范小篆,只有私人印章才用鸟虫篆,作为皇帝使用的玺印文字不会作法犯法,连薛尚功本人对此也不相信,认为是"疑以传疑",这是不无道理的。

第二,从印文内容看。徐令言在《玉玺记》中说是"其书李斯所制,回文曰'受命于天,既寿永昌'。但《云麓漫钞》记载的"魏所受汉传国玉玺"其文则是"受命于天,皇帝寿昌"。而汉王刘渊于晋永嘉二年(公元308年)十月称帝时,于汾水中捞得的传国玉玺,印文又变成"有新保之",并特意标明"盖王莽时玺也"。既然是同一方玉玺,印文岂会如此不同?

第三,从玉玺形制看。史料记载,孙坚于"甄宫井"捞出的传国玺"方四寸",后来被夺来呈给汉献帝时变成了"方寸",还有的史料记载"方六寸,厚一寸七分,高四寸六分"。若是同一玉玺,怎会尺寸错乱?另外,《玉玺记》所载传国玺为"五龙钮",而《云麓漫钞》说是"方鸟钮",还有些史料写的是螭钮。后两种钮形显然不合乎皇帝用物的要求,制玺者决不会如此任意为之，显然是蹩足造假者的赝品。印钮形态如此不同，怎能随意认定为传国玉玺？

第四，从玉玺质料看。徐令言说传国玉玺是"秦始皇取蓝田玉刻而为之"。然而更多的资料说是用价值连城的和氏璧制成。和氏璧出于楚山之中，据今人考证，这种"侧而视之色碧，正而视之色白"的宝贝只不过是一种长石（或称月光石），并非多么珍贵。而且从其产地和质地来看，与蓝田玉并不一样，传国玺究竟用什么材料刻制，很是令人费猜。

第五，从玉玺的数量看。据《汉官仪》、《汉官旧仪》等史料记载，汉代皇帝用玺并非一方，而是六方。即：皇帝信玺、皇帝之玺、皇帝行玺、天子信玺、天子之玺、天子行玺。像《汉献帝起居注》这样严肃的资料也明确记有"皇帝六玺"。其中还说，汉献帝从河上归来后，得六玺于阁上。如此看来孙坚捞玺的事情就不好解释。因为掌玺官不会单单把传国玉玺交给宫女（且不说这种做法也不妥当），更何况原先用的六方玉玺一方也不少，那么"甄宫井"里的玉玺又从何而来？还有，从《隋书·礼仪志六》来看，隋文帝统一中国后缴获的传国玉玺就有五方：北齐高氏一方；高洋得辛术所献一方；北周宇文氏两方；灭陈后又得一方。其阵势几乎能开个传国玉玺博览会了，哪里会有这么多的数量？一般说来，皇帝发布诏书、敕谕，要根据不同的内容钤印相应的玉玺，最常用的只有"皇帝之宝"和"敕命之宝"，所谓的传国玉玺几乎派不上用场。别说见不到实物，就是见到此玺的印鉴也很困难，历史上能冒出这么多的传国玉玺，岂非咄咄怪事？

其实，在我国历史上之所以有这么多的传国玉玺并不奇怪。查一下它们的来源，尽管出处不一，来历各异，但又无一不是君权神授、天命攸归思想的产物。且不说那些统一天下的大腕皇帝需要承继正统的"印信"，就是一些大白天做皇帝梦的割据势力，为了自欺欺人，也会千方百计制造一方传国玉玺。比如汉末的刘备、孙坚，为能把汉传国玉玺抢在手里，遂首开自制玉玺的先例。到南北朝时的各代小皇帝们，谁也不甘落后，几乎都有了自己的"传国玉玺"。从《南齐书·舆服志》的记载看，皇帝所用之玺，"皆金为之"，而《隋书·礼仪志介》也说北齐高氏用的皇帝三玺"并白玉为之"；天子三玺，"并黄金为之"，可见那时的所谓传国玉玺已很混乱了。此外，在封建时代盛行吉祥之瑞的符命学说，如果没有传国玉玺，往往就会有人适时晋献。即使知道此事有诈，也不敢向皇帝挑明，只好以假作真的流传下去，而获得最大实惠的却是"发现"和晋献玉玺的极少数人。

当然，历史上也有些皇帝并不相信这类自欺欺人的把戏，武则天曾很干脆地把"传国玉玺"放到一边，甚至连前面皇帝传下来的玉玺也不使用，命人重新改刻成"皇帝之宝"；又如明弘治十三年（公元1500年）鸿县（今陕西户县）农民毛志学在挖河泥时发现了"传国玉玺"，孝宗皇帝朱祐樘见了视为赝品"却而不用"；后来，清代皇太极从元裔林丹汉的苏泰太后那里得了一方镶金的碧玉宝玺，据说这就是元顺帝扔进沙漠中的秦制传国玉玺，曾引起过一阵轰动。可是此玺传到乾隆十一年（公元1746年），竟然又被剔除在外，其身份地位甚至还不如另外的二十五方御用大印。可见这方真正的"传国玺"，也是地地道道的冒牌货了。

从那以后，有关传国玉玺重新发现的神话再也没人提起。清王朝灭亡，人们对它彻底失去了兴趣。今后会不会再一次发现秦始皇留下的所谓"传国玉玺"，我们在重说这个神话时，也期待最终解开这一千古之谜。

## 姑苏台遗址之谜

旧苑荒台杨柳新，菱歌清唱不胜春。
只今唯有西江月，曾照吴王宫里人。

这是唐代大诗人李白题为《苏台览古》的一首诗。诗中的姑苏台，曾是我国历史上一座著名的皇家花园，据说可与商纣王的鹿台和楚国的章华台媲美。这座高台，建于江南山明水秀之区，规制十分宏大。据《越绝书》《述异记》《吴郡志》等书记载：台高300丈，宽84丈，造九曲路以登临，周旋诘曲，横亘5里，登台可望300里。台上有春宵宫，宫中歌伎有千人之多。还造了天池，池中有青龙舟，可以在龙舟中寻欢作乐。又造千石酒盅，以供喝酒长饮。建造时动员民夫达数千人，死于劳役者，不可胜数。选材亦十分讲究，选用越国进贡来的两根非常巨大的木材，名叫文梓和楩楠，都有20围粗，50寻（一寻为8尺）长，油漆得光亮夺目，并镶上黄金和白玉。甚至运来的大量木材，连沟满渎，塞满了河浜，成为今天吴县木渎镇得名的由来。

关于姑苏台建造的时间历来说法不一。据清张霞房《红兰逸乘》引《缉柳篇》说：姑苏台是吴王齐玄所造。齐玄的父亲壁羽与楚国作战不利，人民疲困，他临终时告诫齐玄："从兹以往，尔姑苏我民乎，罔违余言……""苏"就是苏息之义，意思是要与民休养生息。他死后，史官刻其言于玉版。后来齐玄造姑苏台以纪念先王，并作为郊天（祭祀天地）之所。一说认为"獩"字从獩、从禾、从鱼，标志着其地是鱼米之乡，这种分析，也很有意思。但查阅大多数史书的记载，都说姑苏台初建于吴王阖闾（齐玄之裔）伐楚之后，后来其子夫差伐越得胜而还，觉得旧台太低，不足以显示帝王的尊严，又下令扩建，经过3年聚材，5年建成，因地处姑苏山而得名。姑苏是姑胥的转音，吴音读胥成苏，姑是语助词。至于胥的来历，据《红兰逸乘》引汉王符《潜夫论》说：胥是虞舜时的名臣，"佐舜治水有功，封于吴（今苏州一带）"。至于民间传说，苏州有胥门、胥江、胥口等，都是为了纪念吴国大臣伍子胥而命名的。其实不确，姑苏台建造时，伍子胥还在世，不可能以他的字号来命名。关于姑苏台遗址的确切地点，向来有两种说法并存。一说在现在吴县胥口的清明山（也叫胥山，东面与皋峰山相连）。《水经注》中说"胥山，或云即姑苏山，姑苏台在其上"。《吴地记》中载"姑苏台在吴县西南三十五里，阖闾造……"顾龙光《皋峰纪略》则认定："吴王游姑苏之台，正此山也。"从台的高度可望300里，濒临太湖，在县西南35里等情况来判断，历来研究者，都倾向于此说。如今在主峰皋峰山上，考古者们发现，尚有二片宽广平坦的地坪，类似台基，周围有断断续续的石块堆叠，显系人工所造，更足以佐证此说。

另一说，遗址在今七子山之西，尧峰山麓的小紫石山。此处离木渎镇很近，亦名姑苏台。如宋范成大《吴郡志》中说："姑苏山一名姑胥，一名姑余，连横山（古代七子山名横山）之北，古台在其上。"明代唐寅曾游此台，作诗慨叹道："高台筑近姑苏城，千年不改姑苏名……可怜遗址俱荒凉，空林落日寒烟织。"他还同时游览了台下的百花洲，在另一首诗中写下了"昔传洲上百花开，吴王游乐乘春来……"之句。这个百花洲，亦叫莲圹，俗称荷花荡。《木椟小志》中指出，并"非胥、盘之间"的百花洲（注）。到了清代，江苏巡抚宋荦也曾寻胜到此，并写下了一篇游记。游记中说：山高尚不及虎丘，山腰有小赤壁，水石颇幽，登台可远眺太湖七十二峰。山上的古迹，虽已年久湮没，但如今灵岩山东南麓还有小岗名由姑岭，据说山此通向姑苏台，最为近便，因而得名。

至于姑苏台的毁灭，诸说倒是一致的。时间在公元前473年，越军破吴。范蠡奉勾践之命，指挥兵士火焚姑苏台，大火燃了数日之久，从此，姑苏台就变为废墟了。以后，历代帝王和文士到此凭吊的很多：如秦始皇统一六国后，就曾来此山登临吊古。汉代的司马迁也曾登姑苏台遗址，眺望太湖。唐朝的李白、杜甫都曾东下姑苏台。唐代的崔璪还曾写了一篇《姑苏台赋》，只是沧桑变易，只剩下旧苑荒台，杨柳青青了。

## 朝汉台之谜

秦朝末年，中原动乱。原秦龙川令赵佗乘机占领南海、桂林、象郡，在岭南割据自立。汉朝建立后，因连年战火，国力空虚，又北边匈奴为患，故对南越王国采取了安抚政策。汉高祖十一年，刘邦派陆贾出使南越，封赵佗为越王。赵佗称臣奉贡，为了表示事汉的忠心，他在南越国都城番禺（今广州）一座山冈上，修筑了一个高台，月月朔望向北朝拜汉廷。这就是朝汉台的来历。关于朝汉台的确切地点，各种地方史志中的说法不一，有的讲在广州城东北，有的认为在西边，还有的主张在江畔，众说纷纭，莫衷一是。主张朝汉台在城北的主要根据是北魏郦道元《水经注·浪水篇》的记载："佗因冈作台，北面朝汉，圆基千步，直崤百丈，顶上三亩，复道回环，逶迤曲折，朔望升拜，名曰朝台。"又云，"交州治中姚文式问答云：'朝台在州城东北三十里。'"唐代李吉甫《元和郡县图志》载："朝台，在县东北二十里。"另外，《太平寰宇记》《南越志》及《中国地名大辞典》均认为朝汉台在广州城东北二三十里。按其方位，应在今白云山一带。有的史籍持另一种说法，《番禺志》谓越秀山越王台故址即朝汉台。清初屈大均《广东新语》："粤秀耸拔三十余丈……山有朝台故址，相传台象北斗为之……是南越王朔望升拜以朝汉，自称蛮夷大长老夫臣佗昧死再拜上书皇帝陛下处也。"此说把赵佗在越秀山建的越王台和朝汉台联系在一起，两台合而为一。第三种说法是朝汉台在江边的西场硬步。宋王象之《舆地纪胜》："朝汉台在城西五里，地名西场硬步台。本名圆冈，高数十丈，四面为羊肠道。"《皇朝郡县志》记朝汉台："在南海县西南六里，大江之侧，高三丈。《南越志》云：'昔尉佗自称南越王，汉遣陆贾劳问，因说归汉。佗留贾数月，为台以饮。后遇正朔，于此北向而朝，因以名之。'"

还有一种最流行的"固冈之说"。晋代顾微《广州记》载："熙安县（古代广州曾分出过此县，后废）东南有固冈，高数十丈。说者云尉佗登此望汉。"唐代刘恂《岭表录异·补遗》载："朝汉台在广州西北五里高原上，今址存焉。"《广东新语》："赵佗有四台……其在广州北门外固冈上者，曰朝汉台……自古诸侯王筑台以朝天子，始自佗。"另《羊城古钞》等亦力主朝汉台在固冈。此说史料最为丰富。由于各种史籍中的记载互相矛盾，使朝汉台成为岭南历史中一个颇有争议的问题。近代有不少学者，对朝汉台的地点进行过考证，得出的结论多数认为，朝汉台

"越秀山之说",是误将越王台当成朝汉台,两台并非一回事,不能混为一谈。而"西场硬步之说",把朝汉台的地点放到江边。但西场一带没有高数十丈的山冈,此说是把赵佗初会陆贾处当作朝汉台,史书中有赵佗曾在西场江畔筑朝亭饯别陆贾之记载,即将朝亭误为朝台。《水经注》和《元和郡县图志》认为朝汉台在城东北二三十里,"圆基千步,直峭百丈",是一个很高大的山冈,广州城东北二三十里就是白云山。但史学界对此说多持否定态度。赵佗在迎接陆贾来越的地方西场建朝亭,又在附近的山冈建朝汉台。白云山不在西场附近,陆贾亦不会绕道白云山来广州。白云山朝汉台之说也难成立。"固冈之说"最多。据中山大学地理系徐俊鸣教授等考证,固冈也就是今天的象岗山。徐教授等编著《广州史话》认为:"朝汉台的位置……在象岗的说法,较为合理。"广州社会科学研究所邓端本《广州说古》一书中更加肯定"南越王的朝汉台就建在象岗顶上"。梁朝泰在《象岗山上话今古》文章中亦主此说。看来,朝汉台在越秀山毗邻的象岗山上的说法,似乎已经定论。

但是,历史往往喜欢和人们开玩笑。1983年夏,考古工作者在象岗发现了第二代南越王赵眜墓,出土1 000余件(套)珍贵文物。此墓藏在象岗腹心20米处,从墓室的深藏严密来分析,墓顶不会有封土堆或其他建筑。换言之,赵眜选定象岗为其永远的归宿,其营墓十分神秘,又是从岗顶破山挖竖穴修筑墓室的。所以象岗原是一块没有建筑的岗地。此外,象岗还陆陆续续发现其他汉墓、晋墓、南朝墓等等。这样,朝汉台在象岗之说,就使人存疑了。

如果说赵佗建朝汉台,以表事汉忠心,其继任也一定会这样做。第二代南越王赵眜是绝对不可能将台拆毁而用来修筑坟墓的。因为这样做是大逆不道,又冒犯天威,更不能使自己的地下寝宫保密。退一步来说,赵眜墓在岗顶正中,朝汉台可在岗侧,这也不可能。

象岗是一座高仅49.7米的小岗,朝汉台先于赵眜墓建造,而朝汉这样一个重要的礼仪,当不会南越王孤家寡人参与,应有许多随从侍卫,因此,朝汉台是一个经常有人公开来往朝拜之地。而绞尽脑汁让人们找

不到其归宿的南越王，竟在朝汉台上面大兴土木修筑坟墓，岂能保密。由此可见，朝汉台亦不在象岗山上。

以上几个地点都存有疑问，而朝汉台究竟在哪里呢？这个千百年来争论不休的问题，由于象岗南越王墓的发现，更成为一个扑朔迷离的悬案。或许有朝一日，人们将会找到它的真正遗址。

## 八阵图遗址之谜

八阵图是我国古代行军作战的一种阵法，由天、地、风、云、龙、虎、鸟、蛇八种阵势组成。此阵法早在东汉时便已有了。东汉大将窦宪曾布八阵击败匈奴。三国时，诸葛亮"推演兵法，作八阵图"（见《三国志·蜀书·诸葛亮传》），进一步发展了八阵图。据《三国演义》记载：蜀汉章武元年秋八月，汉昭烈帝刘备为报吴国袭破荆州、杀死义弟关羽之仇，亲率数十万蜀军、数百员战将，以蜀将吴班为前部先锋，大军出夔关（今重庆奉节附近）顺江而下，从巫峡建平起，直接彝陵界分，连营七百余里，依山傍涧，结寨四十余座，大有一举扫平东吴之势。不期次年夏在彝陵（今湖北宜昌葛洲坝一带）被吴国大将陆逊火烧连营七百里，数十万大军死的死，逃的逃，刘备仅率百余人落荒逃回白帝城（今重庆奉节县境内）。陆逊穷追入蜀至夔关，误入长江边诸葛亮用乱石所布八阵图，忽狂风大作，飞沙走石，见怪石林立，枯树如剑舞；横沙立土，重叠如山，江涛怒吼似战鼓铮铮。陆逊无路可走，后得诸葛亮岳父黄承彦指点，才得以走出阵图。

千百年来，八阵图因诸葛亮的神机妙算给蒙上了一层神秘的色彩，而神奇的八阵图遗址也因史载不一，真假莫辨。史载关于诸葛亮八阵图的遗址有五种说法。

陕西勉县八阵图。北魏郦道元在《水经注》中载："（定军）山东名高平,是亮宿营处……营东即八阵图也。"该阵图遗址在今勉县东南,但阵图遗迹在郦道元时就已"倾覆难辨",今更是无迹可觅。但仍有人慕诸葛亮大名前去寻觅怀古,发思古之幽情。

四川、重庆境内见诸史载的阵图遗址有四。其一为新都八阵图。唐人李吉甫在《元和郡县志》中说:新都县北十九里有诸葛八阵图。现四川新都县还有一以"八阵"命名的八阵乡——当今学者萧涤非认为阵图遗迹即在该乡境内。其二为广都八阵图。广都县为汉时所设,隋朝改为双流县。广都八阵图始见于梁代的《益州记》一书,阵图遗址按史载在今双流县中和场,但现在也无什么遗迹可寻。其三为宜宾八阵图。据《宜宾县志》,当年诸葛亮曾从宜宾溯金沙江而上至西昌,诸葛亮在宜宾布过八阵图,遗址在今四川宜宾市流杯池公园内。其四为夔州(重庆奉节)草堂八阵。阵图遗址位于四川奉节县草堂区草堂(即杜甫在奉节的草堂遗址)附近的金马河畔。此阵图扼古代川鄂陆上之咽喉,为湖北入川东门户奉节之要冲。

但古今闻名遐迩的当推夔州水八阵图。最早用文字记载该阵图的为北魏郦道元,郦在《水经注·江水一》"江水又东径诸葛图垒南"下注释说:"石碛平旷,望兼川陆,有亮所造八阵图。"北魏以后,历代都有文人墨客来此凭吊,寻觅历史的痕迹。曾在夔州客居一年多的唐代诗人杜甫曾多次来此观阵图遗迹。诗人观大江东去,阵图依然,叹诸葛亮有经天纬地之才,怀灭曹吞吴之志,却因刘备为报义弟之仇,妄向东吴动干戈的错误决策所破灭,感慨之至,命千古绝句《八阵图》一首:"功盖三分国,名成八阵图。江流石不转,遗恨失吞吴。"曾为夔州刺史的唐另一大诗人刘禹锡也曾多次来此凭吊阵图遗迹,并在其所著《八阵图录》中详细描述了八阵图的情景:"夔州西市,俯临江岸沙石,下有诸葛亮'八阵图',箕张翼舒,鹅形鹤势,聚石分布,宛然尚存。峡水大时,三蜀雪消之际,璆涌瑽漾,可胜道哉。大树十围,枯槎百丈,破磴巨石,随波塞川而下……及乎水落川平,万物皆失故态。唯诸葛阵图小石之堆,标聚行列依然。如是者近六百年,淘洒摧激,迄今不动。"刘禹锡文中描述的阵图石堆历经数百年江水冲击依然不动，正可和杜甫诗句"江流石不转"相映成趣。宋代大文学家苏轼也曾多次来此观阵图遗迹。他在《东坡志林》里记载说，桓温征谯纵，看见阵图误为"常山蛇势"，而自己则"常过之，自山上俯视百余丈。凡八行，为六十四聚，聚正圆。不见凹凸处，如日中盖影。及就视，皆卵石漫漫不可辨也"。明代，始有人从凭吊阵图遗迹进而探究诸葛亮八阵之阵法。明人茅元仪在所修《武备志·诸葛亮鱼复江八阵图》中展示的八阵阵法为：纵横排开六十四个小阵，分别组成天、地、风、云、龙、虎、鸟、蛇八阵和一个中军阵，二者合为一大阵，阵后设二十四队游骑，为大阵的机动兵力。

古代，不仅文人来夔州水八阵图遗址流连凭吊，夔州人仰诸葛亮鞠躬尽瘁、死而后已的高风，慕诸葛亮神机妙算、料敌如神的大智，也常来阵图遗址凭吊。到宋代，观阵图遗址已成为夔州一种民间风俗——人日踏碛。人日即每年正月初七，碛就是阵图遗址，它是横卧于长江北岸的一块大沙滩，长1500多米，宽600多米。宋人张晋在《踏碛》诗里说："夔国先年有旧风，来看踏碛莫匆匆。"《夔州府志》《奉节县志》都有人日踏碛之记载。是日夔州人家家户户，男女老幼结伴前去观阵图遗址，所谓"鬼门关外逢人日，踏碛千家万家出"便是这种民俗的真实写照。人们还在碛坝上寻宝——寻美丽的三峡石，打磨后做成装饰品，系于钗头，以图吉祥。笔者也曾慕名前去游阵图遗址。阵图遗址在奉节城外梅溪河汇入长江处，偌大一块沙滩。据当地人说，沙滩洪水季节隐入水中，枯水时露出水面。古时，滩上有盐泉，每逢枯水季节，人们便来碛坝上熬盐，坝上炉火熊熊连绵数里。而今，国泰民安，旅游之风日盛，三峡水库水位逐年上升，遗址将被淹没，但奉节人又恢复了人日踏碛的古风，每年正月初七，碛坝上游人如织，热闹非常。

综上所述，巴蜀、沔阳所存数处八阵图遗址，究竟孰为诸葛亮真迹，仍是一个谜。

## 古崖居之谜

古崖居坐落在北京郊区延庆西北部山区的一条幽静的峡谷中,它是由一支不见史志记载的古代先民在陡峭的岩壁上开凿的岩居洞穴,计有117个。这是中国已发现的规模最大的岩居遗址。

在峪谷三面直立陡峭的岩壁上,布满了人工刻凿的石室,或长方形,或方形,大的20多平方米,小的仅3~4米;或单间,或2~3室通连;或套间平行,或上下两层,并有典型的"三居室"。其中,有一石穴上下两层,并配耳房,廊柱历历,可能是穴居的主人集会或祭祀之地,宏敞雄伟,山民俗称"官堂子"。全部洞穴内,门、窗、炕、灶、马槽、壁橱、烟道等一应俱全,且圆则圆,方则方,均合乎美学规矩。

关于古崖居开凿的年代,有人认为是元或魏或唐辽。其目的与用途,众说纷纭有人说是草寇山寨,有人说是戍边驻军,也有说为应避战乱?或说是少数民族聚居?据不确切考证,此为唐辽间奚族聚居的岩寨……

## 赵佗陵墓之谜

赵佗是秦汉时期著名的历史人物。他是河北真定人,原是秦军将领。秦统一岭南后,被任为南海郡龙川令。秦朝末年,中原动乱,赵佗继任嚣为南海尉,兼并了桂林、象郡,在岭南建立了第一个割据政权——南越国,自称南越武王,后又自尊为南越武帝。赵佗立国后,绝道闭关自治,实行了有利于岭南发展的"和集百越"的民族政策,提倡汉越杂处,尊重越人风俗，任用越人首领，使南越国逐渐强盛起来。赵佗曾说："老夫身定百邑之地，东西南北数千里，带甲百万有余。"（《汉书·南粤传》）此话虽不免夸张，亦反映出南越国的实力。连汉高祖刘邦亦赞赵佗治理南越"甚有文理，中县人以故不耗减，粤人相攻击之俗益止，俱赖其力"。（《汉书·高帝纪》）汉武帝建元四年（公元前137年），寿逾百岁高龄的赵佗离世，安葬在南越国都番禺（今广州）。

赵佗在世，搜刮了大量的奇珍异宝，死后又带入了陵墓中。据说，赵佗怕人发掘其陵墓，出葬时，多为疑冢，柩车从四门出，棺椁无定处，使当时的人莫知其葬所在。据北魏时郦道元《水经注》记载："王氏《交广春秋》云'越王赵佗，生有奉制称藩之节，死有秘奥神密之墓。佗之葬也。因山为坟，其垄茔可谓奢大，葬积珍玩'，""佗虽奢僭，慎终其身，乃令后人不知其处，有似松乔迁景，牧竖固无所残矣。"（《水经注·瑧水篇》）

据《史记》载，南越国共传五世93年，而赵佗独占了67年。他在生前，就对自己的归宿做了十分缜密的安排。其陵墓一反汉初岭南及长沙地区流行竖穴木椁墓，墓上建大封土堆的诸侯王墓营造方式，因山为藏，地面上亦不留下什么痕迹。

由于赵佗陵墓十分神秘，其确切地点在历史上有诸多争论。明代黄佐《广东通志》云，赵佗墓在县东北八里，又言在禹山；《南越志》记载，赵佗墓自鸡笼岗起至广州附近的连冈属岭之地；晋代裴渊《广州记》曰，赵佗墓在城北，墓后有马鞍岗；还有的地方史志认为它在白云山上，有的说在越秀山下。众说纷纭，莫衷一是。

2 000多年来，这座陵墓及其许许多多的奇珍异宝，令无数的人垂涎三尺。清代阮元编修的《广东通志》卷记载，三国吴黄武五年（公元226年），吴国国君孙权风闻佗墓多藏珍宝，特使吕瑜带几千兵卒访掘赵佗陵墓，他们到岭南凿山破石，掘地三尺，几乎刨遍了广州附近大小岗岭，卒无所获。另一说找到了赵佗的曾孙——南越明王赵婴齐墓，获得"珠襦玉匣三具；金印三十六，一皇帝信玺，一皇帝行玺；又得印三组；

铜剑三枚,并烂若龙文,其一曰纯钩,二曰干将,三曰莫邪。皆杂玉为匣"。(阮元《广东通志》卷二二六)

随着时间的推移,赵佗的陵墓像阿里巴巴的山洞一般,对人们的吸引力越来越大,根据地方志的记载,历代都有不少人,步孙权后尘,踏遍了白云山、鸡笼岗、马鞍冈以及广州方圆百里的无数山冈,费尽心机企图找到南越王的宝藏,结果均是水中捞月。机关算尽的赵佗棋高一着,深深地藏入于地下,遗留了不少传说,给陵墓添上一层朦胧的色彩,成为岭南地区一个扑朔迷离的历史之谜。

近30多年来,随着现代考古学的发展,考古工作者将赵佗陵墓列为重点调查的对象。他们历尽艰辛,在广州找到了数百座南越王国时期的墓葬,出土不少珍贵文物,对研究南越国史提供了重要新资料。可惜,它们都是南越国官员或平民墓。令人瞩目的赵佗陵墓仍然无影无踪。

1983年6月,考古工作者在广州城北象岗,发现一座南越国时期,大型石室墓。此墓凿山为陵,深藏于象岗腹心20米处。令人惊喜的是,墓主竟是赵佗之孙——南越文王赵眛。墓中出土了"文帝行玺"龙纽金印等1 000余件(套)珍贵文物(《西汉南越王墓发掘初步报告》见《考古》1984年第3期),被誉为近年来中国五大考古新发现之一。第二代南越王赵眛墓的发现,极大地振奋了岭南学术界,更增添了考古工作者的信心。过去,根据汉朝陵墓的方位,考古工作者多认为赵佗墓会离广州城稍远。丽赵眛墓就在离城不远,与越秀山毗邻的象岗上,这里今天已属闹市区。这一发现提供了重要的线索。据推测,赵佗陵墓亦在广州城的附近,而最大的可能就是在越秀山下。当然,这仅仅是推测。这位岭南古代史上叱咤风云的南霸天——赵佗,仍独享着无数的珍宝,在极其神秘的陵墓中安寝着。

# 秦汉古城之谜

2002年，中国考古人员发掘了占地近2万平方米的秦汉古城。这次发掘在临河的防洪大堤施工区域内展开，共开探方30余个，发掘面积近1000平方米，发现了古城的城内、城外、城墙、城濠各部位、不同时期的丰富遗迹和遗物。初步认定这座古城有两个主要的建筑使用时期，年代从战国至秦汉。

此城在史书上无任何记载，当地居民也对其一无所知。城内许多重要遗迹的发现，唤醒了这座在地底沉睡了两千多年的古城。特别是同年6月数万枚秦代简牍的出土，使得一段被湮灭了的历史重见天日。简牍数量初步估计至少有3万多枚，文字达数十万字；还有寄往洞庭的邮书、2 200年前的乘法口诀表、军粮的月消耗量……它以文字的形式将秦王朝的历史生动地"复活"了！"这是一套极为重要的百科全书般的日志式实录。发现年代这么早、数量这么多、内容这么重要的简牍，在中国尚属首次。它是继兵马俑之后，秦代考古的又一惊世发现，蕴涵着巨大的学术价值。"湖南省考古研究所副所长郭伟民如此说。"这可能改写战国历史，也给自称为'本地人'的中国土家族起源提供了直接的佐证。"所长袁家荣兴奋地说。

在考古现场，挥汗如雨的考古队员不断将一些裹着淤泥的黑乎乎的竹木片递出井口。考古队的领队柴焕波说："前天我们在井里挖出几片竹木片，清洗后竟然发现上面写着古文字，这真是奇迹。"

6月5日以后，简牍的出土数量越来越多。到6月25日，"1号井"出土的简牍的数量达到1万枚；今天，这个数字已经突破36 000枚。这些秦简已运抵湖南长沙，在湖南省考古研究所大楼内开始清洗、拍照、归档，然后进行研究。

简牍以木牍居多，形式多样，长宽规格各异，还有异形书判（简），另有少量不规则的简。简上文字体有古隶书、古篆书、隶中带楷书等。字全部是笔墨书写，字迹工整，运笔流畅。

始建于公元前221年的秦朝，开创了中国统一的新纪元。其创始者秦始皇在位期间，大兴"焚书坑儒"，许多珍贵的典籍和文献被焚毁。在正史中，对秦朝行政制度的记载只有寥寥数语，社会生活的记载更是不足千字。有关秦人、秦国、秦朝的记载大多数是后人的追忆，因此里耶秦简自出土以来，它的命运牵动着社会各界人士的心。为保护好这些珍贵的文化遗产，湖南省委、国家文物局先后做出一系列部署。然而，情况并没随着对古城的一步步发掘而日渐明朗，反而愈发扑朔迷离。

**（一）"乘法口诀"的秘密**

这个乘法口诀表在蒙面沉睡2 200年后显露"真容"，源于湖南省考古研究所副研究员张春龙的发现。据其介绍，他和同事在里耶古城考古现场清洗出土的战国简牍时，发现一枚木牍上刻着一些排列的数字，如"四八三十二、五八四十、六八四十八"等，每个竖行的数字连起来竟然就是一个乘法运算口诀。

"毫无疑问，这是一个古代的乘法口诀表。"湖南省考古研究所所长袁家荣作出如此判断。据分析，这个乘法口诀表埋在地下至少已有2200年。

据我国文献记载，在春秋战国时乘法和乘法口诀表已被普遍运用，但由于一直没有该年代的实物证明，成为长久以来学术界的一大疑团。北京大学考古文博学院院长高崇文表示，这枚战国简牍已经印证了文献中的说法，并为世界算术史的研究提供了珍贵的实物资料。

从考古现场了解到，这枚记载有乘法口诀的木牍已被浸泡在特制的药水中，木牍的两面都有文字，字体为小篆向隶书过渡的一种字体，但有些字还无法辨认。

高崇文认为，如果通过对木牍上所有字体的破译以及古城的全部发掘，验证这份乘法口诀是某一本数学书的一页，或许会有更为重大的发现。

### (二) 里耶秦简是官署档案文书

湘西里耶出土大量秦简的消息报道后,震惊了学术界,一连串疑云也随之而来:秦简当时有何用途?上面都写了些什么?湘西地处秦王朝西南角,为何有如此惊人的秦代考古发现?数量如此之多的秦简又是怎样逃脱"焚书坑儒"灾难的?

经过研究,专家认为,里耶秦简初步认定属秦代当地官署文书,极大地增添和充实了秦代的历史文献和档案资料。1993年2月,江苏省连云港市出土的尹湾汉墓简牍,将中国的以竹木质为载体的文书档案历史推向了2000年前,引起了海内外极大的关注。北京大学考古文博学院院长高崇文认为,里耶秦简的记载将这一记录又向前延伸了200年,对研究秦的统一和秦文化的传播有着很重要的意义,也是研究秦王朝地方政权的一个标本。目前,已清洗秦简的纪年从秦王政二十五年至秦二世元年,记事详细到月、日,十几年连续不断。其中多枚简涉及对洞庭郡某一行政建制的讨论,有的简文还记载某一月份中当地驻军粮食的消耗量。提到的地名有迁陵、洞庭郡、临沅、弋阳、酉阳、沅陵、益阳、阳陵等数十处,职官有司空、司马丞、守丞、令守等,多附有人名,如:"迁陵守丞腾"。湘西里耶秦简内容丰富,涉及政治、军事、民族、经济、法律、文化、职官、行政设置、邮传、地理等诸多领域,极大地丰富了人们对中国历史上起承前启后作用的秦王朝有关制度的了解和认识,对秦史研究具有不可估量的意义。

北京大学历史系教授吴荣曾说,秦始皇当年"焚书"的对象是诸子百家的作品和经典文献资料,而里耶秦简是官府文书,并不在"焚书"之列,因而在那场文化浩劫中得以幸免于难。通过解读已经清洗的秦简,可以看出秦王朝统治下的地方政权工作效率很高,诸如邮传、官制、刑罚等方面,皆严格按照国家政策和法律执行,不徇私情。

湖南省考古研究所的专家认为,里耶秦简的出土,将改写和极大地填补《史记》《汉书》中有关秦朝历史的大片空白,从根本上改变几千年来战国秦汉学术史的面貌。

### (三) 中国最早的书信实物

一枚上书"迁陵以邮行洞庭"的秦简被考古专家认为是中国最早的书信实物。

这枚写有"迁陵以邮行洞庭"7个古隶文字的秦简,相当于现在所使用的邮签;这枚简上的"酉阳丞印"就是当时人们在发送信函时用胶泥盖在封口上的一个印记,相当于今天使用的密封条。

专家估测,作为邮签,这支竹简有可能是在发送邮件时发信方的标签。就相当于写信所用的信封。也有一种可能就是收信方在收到邮件后的一个简单的回复,告诉对方所发邮件已经安全送达。在秦之前还没有发现完整的书信实物,这枚"迁陵以邮行洞庭"为研究中国早期的邮政制度提供了珍贵的实物资料。

北京大学历史系教授吴荣曾教授还在里耶出土的一枚邮书性质的木简上发现"快行"两个字,他说,这说明秦朝就有"特快专递"了。

### (四) 里耶是否就是"黔中郡"

《史记》记载,公元前280年,秦大将司马错率兵攻打楚国,占领了楚黔中地600里地盘,将之纳入秦的版图。公元前201年,秦始皇将统一后的中国划为36郡而治,"黔中郡"即36郡之一。但黔中郡的郡址自汉以来2 000余年一直为世人所争议。

而里耶古城的地理位置和规模让考古学者再一次联想到这个史学上的千古之谜。

高崇文教授说,古城所在的酉水流域在被楚人占领前是少数民族聚居区,由此推测楚人通过设立里耶城欲继续向西南扩张,并进行政治、文化和经济交流。

湖南省考古研究所副研究员柴焕波介绍,从古城出土的建筑材料、陶片、青铜兵器以及生活堆积物来看,此城应是战国时期楚国修筑的军事城堡,用来开疆辟土和抵御秦国的进攻。

高崇文教授认为,古城所在地并非文化中心区,但万枚简牍出土及其所记载的内容,还有历史文献对于酉水流域的军事地位的介绍,说明

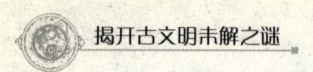

古城在当时既是楚、巴、秦人文化交流频繁的地方,也是三国相争的战略要地。

湖南省考古研究所所长袁家荣认为,里耶古城所在地应该是战国时期各国的必争之地,也是后来秦代"黔中郡"的核心地带。古城的发现对于最终揭开"黔中郡"之谜将有很大帮助。

然而,考证的关键之一——比对历史文献却让考古学者们陷入了一个更大的谜团:这样一个拥有庞大规模、先进文化、占据有利军事地理位置的城市为何竟然在浩瀚的史书文献中只字未被提及?

(五) 秦史从此改写

原故宫博物院院长张忠培说,秦朝的历史虽然短暂,但它却是中国政治体制发生重大转变的一个时期,这种政治体制从秦朝始一直沿袭到了辛亥革命以前。

目前关于秦王朝的文献资料和文物遗存极少,号称世界八大奇迹之一的西安兵马俑坑规模宏大,惜无文字纪录,而里耶既有古城遗址,又有数量惊人的简牍出土,其价值和意义不可估量。这次发现其意义不仅是全国性的,也必将在世界汉学研究中书写下浓墨重彩的一笔。

北京大学历史系吴荣曾教授表示,这批秦简涵盖内容之广令人惊讶。从简牍上大量关于奴隶的记载,足以看出当时奴隶制度仍很发达。这便对目前认为秦朝处于奴隶制残余时期的观点提出了疑问。而对滴漏计时及文书收发时间的精确记载,则可以看出秦在建立了统一的中央集权后,依靠严密的政治制度使它的上传下达有了高效率的保证。

湖南省考古研究所的专家认为,湘西里耶古城和3万余枚秦简的发现,不仅找到了秦代考古史上的里程碑式的珍贵材料,还为了解秦代社会历史提供比以前广阔得多的全景式的思维空间。同时,它也将改写和极大地填补正史中有关秦代历史的大片空白,从根本上改变几千年来战国秦汉学术史的面貌。

(六) 巨量简牍何以完好保存

专家透露,由于秦始皇大兴"焚书坑儒",造成秦以前春秋战国及以后的两汉时期遗址,并不容易大量出土记载文字资料的简牍。然而一号井内的木牍与竹简,不仅保存完好,而且具有连续性,其内容为当时的官署档案,所记载的事相当具体,到年到月,甚至到日。

保存完好的简牍使得考古专家很快便注意到一号井的"奇怪"之处:井壁不是泥,也不是岩石,而是几百块木块相互错落拼成的。据了解,里耶水位较高,古城又濒临河水,现有的井也只要几米深就能取水,那么这口井又怎能成为深达27米的木质枯井呢?专家推测,一号井可能为当时政府的地下资料库,用质地坚硬的木板紧凑拼接,挡住了水。

然而,为什么部分竹简有燃烧痕迹呢?显然,简牍历经始皇帝时期的"焚书坑儒",可它们又是如何逃过此劫,得以大量保存呢?专家对此推测不一。

一种猜测认为这是偶然的,在秦始皇统一中国后的"焚书坑儒"中,这些木牍与竹简就是被抛进一号井焚烧的,但由于洞中缺氧,火未燃起,就被掩埋了。另一种猜测是,秦始皇的"焚书坑儒"政策,边远地区没有完全响应"号召",里耶就是其中之一。

### (七)面临"脱色脱水"难关

里耶秦简出土后,它的保存问题成了大家关心的焦点。湖南省考古研究所日前请来湖北荆州博物馆的专家,对3万余枚秦简进行防腐防蛀处理,以达到永久保存的目的。

现在,数千枚已清洗的秦简浸泡在一盆盆清水中,简牍呈黑色和黄褐色。正在清洗的工作人员介绍说,刚出土时,这些简牍很新鲜,呈黄色,但遇到空气后,迅速氧化变成现在的颜色。

湖南省考古研究所所长袁家荣说,对于已经出土的简牍来说,清洗只是最初的步骤。由于这批秦简多为木质结构,因此清洗干净后还必须使用药水进行浸泡,防止简牍霉变、虫蛀,下一步将对这些秦简进行脱色脱水处理。

考古专家裴安平说,简牍脱色之后,这些简就会呈现出竹木简的原色,文字资料就可以留下来,要长久地保存这些简牍,最重要的还是对

其进行脱水,这也是简牍保存中最难的一点。

通常,脱水有两种办法:保存好的简牍采取自然挥发法;保存不好的简牍则使用化学物质将简牍中的水分替换出来,要不然水分蒸发之后,这些简就会扭曲变形,完全损毁。但是在脱水时还要考虑简的木质结构,因为简的木质结构不同,脱水处理也就不一样。由于目前湖南省考古研究所暂时还没有掌握简牍保存的最高技术,因此他们已经邀请湖北荆州博物馆的简牍专家到长沙,研究保护秦简的具体方案。

由于里耶古城周边的水利工程将于2003年10月蓄水。近期举行的湖南省委常委现场办公会决定,重点建设工程碗米坡水电站里耶古城一段防洪大堤重新规划,占据古城二分之一面积的里耶小学整体搬迁,古城将建一个遗址博物馆。

国家文物局局长张文彬日前在长沙说,这批简牍是一笔珍贵的史料,意义重大,目前对它的认识还刚刚开始。张文彬要求湖南省文物部门加强对秦简的保护和清洗、整理工作,在保护简牍的同时,出土简牍的几口古井也要保护好。对于简牍文字的研究要实行全面开放、通力合作的方法,尽早,揭开3万多枚简牍之谜。

## 甘露之谜

"甘露"对历代封建社会的统治者来说可谓是至珍,他们认为它是一种延年益寿的"圣药","其凝如脂,其甘如饴",吃了它可以使人活到800岁。

因此,帝王梦寐求之,称它为"天酒""神浆"。有些帝王以甘露命名其年号,如汉宣帝刘询、前秦苻坚等,他们都是一听说降甘露,马上以之作为年号。还有的帝王为了祈祷甘露下降而大兴土木,劳民伤财。汉武帝在长安城外的建章宫内建造了一座承露盘,高20丈,大7围。清乾隆帝造了一座铜仙承露盘。4米多高的石柱之上，有立人手托铜盘，祈求上天赐露。这座承露盘现在还保存在北京。

甘露真有如此神效吗？这在我们现在看来有些可笑。其实，被誉为"神灵之精，仁瑞之泽"的甘露，只不过是蚜虫的排泄物。

蚜虫除五倍子蚜虫外，都是庄稼的大敌。它是附生在草木枝叶上的小虫。全世界已发现2 000多种蚜虫。蚜虫吸取植物的汁液，经过消化系统的作用，吸收了其中的蛋白质和糖分，然后把吸收不了的多余糖分和水分排泄出来，这些多余的成分便洒在植物的枝叶上，有的"其凝如脂"，有的"皎莹如雪"，这就是甘露。

其实甘露之谜在古代已早有发现，明代学者杜镐是最早揭穿所谓"天降甘露"的人，他说："此多虫之所，叶下必多露，味甘，乃是虫之尿也。"蚜虫排泄的甘露，俗称蚜蜜。据现在的化学分析，它含有较多的转化糖、甘蔗糖、松子糖等。它包含的碳水化合物占70%左右，糊精占20%以上，蛋白质占3%。这种甘露确实有一定的滋补作用，但它能延长人的寿命和治理多种病的说法，显然是一种夸张和古人的美丽幻想。蚜蜜非但没那么多益处，而且危害作用也很大，它不仅会诱致菌类，使植物发生各种病害，还会引来昆虫，糟蹋庄稼的茎叶，影响庄稼收成。

封建帝王把蚜虫的一泡屎尿当作天赐的神物，日思夜慕，实属荒唐可笑。随着时间的推移和现代科学的进步，甘露之谜已被揭示出来。

## 中国古代的飞碟之谜

一提到飞碟，人们总是要把它与高科技联系在一起，然而飞碟并不是今天的新事物，它可能不止一次地在2000多年前访问过中国。曾有过许多不明飞行物的记载出现在浩瀚的中国古代文献中，这种飞行物光芒四射，来去神速，从记载看，很像现在所说的飞碟。

《晋阳秋》这本古书是最早记载飞碟的书。其中写道："有星赤而芒角，自东北西南投入亮（诸葛亮）营。三投，再还，往大，还小。俄而亮卒。"在《三国志》的裴松之的注、郑樵的《通志略》、马瑞临的《文献通考》中都有类似的记载。这件事发生在公元234年秋天，一天晚上，西北五丈原地区的天空中出现一颗星，它发射红光，来去自由，它三来三往，从东北到西南，以后便消失了。如果是星的话，它不可能"三投，再还"，也不可能"往大，还小"。从记载看，只有飞碟能自由飞行。

宋朝的著名科学家沈括曾记载了这样一件事："嘉辉中扬州有一蚌甚大，天晦多见。初见于天长县陂泽中，后转入甓社湖，又后在新开湖中，凡十余年，居民行人常常见之。余友人书斋在湖上，一夜忽见其蚌甚近，初微开其房，光自吻中出，如横一金线。

俄顷忽张壳，其大如半席，壳中白光如银，珠大如拳，灿然不可正视，十余里间林木皆有影，如初日所照，远处但见天赤如野火，倏然远去，其行如飞，浮于波中，杳杳如日。古有明月之珠，此珠色不类月，荧荧有芒焰，殆类日光。

崔伯勖曾为明珠赋，伯勖高邮人，盖常见之，近岁不复出，不知所往。樊良镇正当珠往来处，行人至此往往维船数屑以待观，名其亭为玩珠。"此事见于《梦溪笔谈》。

记载此事的宋括是一位科学家，给他提供情况的是他的好友，好友就在蚌所在的湖边，应该不是杜撰。从记载看，这颗能发光、能飞行的珠已像一轮飞碟。

在镇江金山，宋朝大诗人苏轼也曾见到过来历不明的飞行物。有一天他游金山，被仰慕他的寺僧留宿寺中。这一夜二更天，苏轼尚未入睡，只见一个光亮的物体在江心降落，并发出光。他用一首诗记录了这个奇观："是时江月初生魄，二更月落天深黑。江心似有炬火明，飞焰照天栖鸟惊。怅然归卧心莫识，非鬼非人竟何物？"写到这里时，作者又加了个注："是夜所见如此。"说明不是虚构，而是实见，这就是《游金山寺》。

上述记载表明，中国古代确实有一种来历不明的飞行物多次光临过，这种飞行物有的发红光，有的发白光，有的则缓缓而行，有的快如星火，它们各有不同的外形。但是发出光亮、来去自由是这些飞行物的一个共同的特点。

有些研究者认为，这些记载中的飞行物就是飞碟。一次飞碟坠毁事件被《竹溪县志》记载了下来，从记载看，飞行物能倏忽而过，而"欲坠则止"，说明这个高速物体有很高的灵敏度，出了故障后，变得摇摇晃晃，终于坠毁。

有些研究者认为，《松滋县志》记载了覃某被不明飞行物带到贵州的事件，这就是飞碟被人发现以后的报复行为或保密行为，这很像近代一些接触飞碟的人们遭劫持的情况。

还有些学者认为，中国古籍中只是记载辗转传闻的故事，叙述又十分简单，不足为信。可能是一些经过夸张而编造的、道听途说的奇事逸闻。

有些研究者则认为，这可能是连现代人也不清楚的古代的一些自然现象，它们能发光，会飞行，因而被误认为是飞碟。

这些古籍记载的飞行物究竟是什么？只有在现代的飞碟之谜揭开以后，这个问题才能得出可信的答案。

## 青铜短剑之谜

中国古代的北方，春秋战国时期盛行着以两种青铜短剑为特殊标志的少数民族文化。一种是剑柄与剑身连铸在一起的匕首式短剑，主要分布在蒙古大草原东南部边缘，包括山西、河北的广大地区；另一种是分布在东北地区，尤其是辽宁、吉林和朝鲜半岛等地的双曲刃式短剑。谁是这些青铜短剑的主人，国内外学者历来有各种不同的猜测。

匕首式短剑出现的时代比曲刃式短剑要早，大致可上溯到商代晚期，多出于山西北部和河北北部，在蒙古人民共和国境内和苏联外贝加尔一带也偶有发现。由于这种短剑分布的地域十分辽阔，时间延续很长，而文化遗存却发现不够丰富和典型，国内外学者还没有人进行过专题研究。

曲刃式短剑近年来在国内学术界取得了一些新的研究成果，已引起国外专家们的注意。这种短剑的两侧刃身有二三道弯弧，剑身是琵琶形，剑柄是"T"字形，与剑身分开，故又称"琵琶式短剑"。日本学者又曾叫作"辽宁式短剑"，显然是青铜时代活跃在辽河西岸、长白山下的某些强悍部族的武器。这种兵器大约从西周中期开始出现在辽宁西部的西拉木伦河、英金河、老哈河及大小凌河流域。这些在山麓、草原上以游牧和围猎为主要生活方式的部族，习惯于逐水草而居并养成勇猛好斗的风俗。

迄今我国考古工作者已发现了他们遗留下来的几十个营地、墓群和壕垒，数以千计的武器、工具、日用器皿和服饰。从出土的大批戈、镞、短剑、矛头、钺、战盔以及马镳、马衔、銮铃等青铜武器和马具看，青铜短剑的主人是能征善战、精于骑射的。而许多弧刃上有卷钩的铜斧、柄底带齿的兽首铜刀、嵌满各种铜泡的皮靴和弹簧形金丝耳环等，更有极浓厚的民族特色。

考古发现表明，这些部族在春秋战国时期还没有彻底摆脱新石器时代的羁绊，日常生活中经常使用半月形双孔石刀和有孔石锤，箭镞也大量用骨料磨制，生活器皿则绝大部分为质地比较粗劣的陶器。这些部族的丧葬习俗也很有特点，多数墓中有殉葬的猎犬，有些则在石棺上放置猪牙。几乎所有死者都头向东方，表达了对太阳神的崇拜。据体质人类学家研究，这些部族的人种是典型的蒙古人种。

尽管对两种短剑的主人众说不一，但有一点似乎可以肯定：两种短剑并非属于同一部族，他们在相同历史时期和相同地域内并存，只是不同文化的交流现象。

有的研究者认为既然曲刃青铜短剑有一部分出土于燕国的汉族部分居地，那么短剑的主人是应该春秋战国之际燕文化的一支，这种文化反映了燕国境内青铜文化的面貌。

但是，在性质比较单纯的燕国墓葬内，却从未发现过曲刃青铜短剑，而燕墓的埋葬制度和随葬器物则完全是中原文化的传统，所以说短剑的主人是燕国的部族这样说法，大多数人认为是不确切的。

也有人指出，曲刃青铜短剑的密集地区在辽宁西部，当时活跃在这一地区的民族是东胡族，所以论述这种短剑的主人是东胡人。然而，另有一些人认为在这一带同时还有山戎族往来驰骋于辽西、冀北之间，滦河流域直到玉田、蓟县、大厂县一带都有短剑或同类文化遗址发现。说短剑的主人是东胡族，亦未免失之片面。

还有人根据当时北方各族活动的大致范围，认为使用青铜短剑的包括山戎、东胡、肃慎、高句丽等许多民族。

可是，青铜短剑的分布已达整个朝鲜半岛、日本西部，各地的自然环境、物产及各民族的生产方式和生活习俗等等，显然有极大的差别。说它是各民族所共有的武器，还有许多考古文化面貌和发掘材料难于解释。

近几年，国内外学者注意到这样一种新的见解：辽宁西部地区，是曲刃青铜短剑的中心分布地区和起源地。这一支文化的主人，可能就是历史上的东胡族。这个民族不仅是短剑的创造者，而且是主要的使用者。鉴于包含两种青铜短剑的文化遗存在各个地区自有其特点，有些内涵差异其大，因而每一种短剑应分属于不同的文化系统。

曲刃青铜短剑作为文化交流的一种因素，曾在后来陆续为相邻的几个少数民族文化所吸收，并加以改造和使用。匕首式短剑流传虽广，但存在时间较前者为短。所以总的看，青铜短剑的主人应该是由一两个民族所创造，而后为几个民族所共有。这个最新论点，可能是最接近事实的，不过国内外仍有不少学者不同意这种看法。比如在朝鲜半岛出土了较早形式的曲刃青铜短剑，揭示了不利于上述见解的耐人寻味的问题。究竟谁是青铜短剑的主人，目前还不能确切地回答。

青铜短剑在辽西出现于公元前9世纪，以后相沿使用了800年之久。

随着中原铁器文明的到来而迅速消亡。短剑的消失，并不意味着它们的主人即土著文化的绝灭，而是标志着历史发展到了一个新阶段，社会生产力发展到了一个新水平。到了西汉初期，青铜短剑已经完全退出了历史舞台，它们的主人也大部融合在中华民族的统一躯体之中了，从而形成了一个千古之谜。

## 二里头遗址之谜

考古学家在中国最早的都城遗址——河南偃师二里头遗址首次发现了一座始建于二里头文化晚期偏晚阶段（第四期）的大型建筑。

这座建筑遗址发现于著名的二里头遗址2号宫殿的北墙外，现编号为6号。"它之所以引人注目，是因为其始建年代正值一般认为的夏商王朝更替的关键期。"中国社会科学院二里头考古队队长许宏说："它到底是夏人营建还是商人所建，进一步的发掘将有助于这一历史疑案的最终破解，为夏商分界问题研究提供新的材料。"二里头遗址是中国学者在寻觅夏文化的过程中发现的，此后持续40余年的田野发掘所获取的丰富遗存和信息，使二里头遗址作为夏商时期一处重要都城遗址的学术地位得到确认，为夏文化内涵的研究提供了第一手的科学资料，从而为夏文化的探索奠定了坚实的基础。

由于它所处的年代正是中国历史上的夏商时期，所以从发现至今，围绕它的争论一直没有停止过。

由于地处古代文献所记载的夏王朝的中心区域，年代也大体在夏王朝的纪年范围内，二里头遗址理所当然地成为目前探索夏文化和夏商王朝分界的关键性遗址，它留给人们的最大悬念是：它是夏都还是商都西亳。"夏商周断代工程"以后，二里头文化的主体为夏人遗存的观点逐渐为大多数学者所接受，学术界也都倾向于二里头是夏王朝中晚期的都城所在这一观点。这意味着人们"几乎可以从中触摸到中国第一个王朝的脉动了"。许宏解释说，二里头遗址本身还存在着许多未解之谜，"作为都城的二里头，它的内涵布局及其演变过程、它的文化面貌及其社会生活与组织结构、它的族属国别以及人地关系等诸多课题，目前还只是粗线条的把握"。但是随着二里头遗址勘察发掘与研究工作的不断深入，它在探索华夏文化的源流、中国早期文明与国家形成上所具有的重要意义也将进一步彰显，不可小视。

## 鲁班与公输般是否是同一人之谜

鲁班是我国古代杰出的民间工艺家，是木工、石工、泥瓦工等工匠的共同祖师爷。他大约是春秋末期人。关于鲁班的传说，先秦时期形成一部分，汉唐时代也记载了一部分，直到宋、明才有了较完整的资料。一般书刊上，都把鲁班和公输般视为一个人，姓公输氏，名般。因为他是鲁国人，所以也叫鲁班或鲁公输般。我国古语中盘、般、班三字通用。

据《墨子·鲁问》记载："公输子削竹木以为鹊，成而飞之，三日不下。"这大概就是后来民间的风筝。《墨子·公输》记载："公输般为楚造云梯之械成，将以攻宋。"墨子就在楚王面前与公输般较量，结果墨子赢了，楚国就停止了攻宋。

山东济南千佛山（原称历山）有鲁班庙，人们把他当作神人供奉，目的是纪念他为人类所作出的贡献。东汉赵岐注《孟子》时说"公输子鲁班，鲁之巧人也，或以为鲁昭公之子"。这说明，鲁班可能是鲁国国王昭公的儿子。桓宽《盐铁论·贫富篇》说："公输子能因人主之材木，以构宫室台榭，而不能自为专屋狭庐，材不足也。"这又说明公输般不是鲁昭公的儿子，他只能为富贵者建筑宫室台榭，自己却穷得连简陋的草房也盖不起来。

《礼记·檀记下》记载：季康子之母死了。这时还很年轻的公输若就提出对敛尸下葬的办法进行改革。守旧的公肩假极力反对改革，因而公输若的改革方案不能实行。有人说这个公输若就是公输般或鲁班，般为名，若是字，也有人不同意这种看法。

还有另外一种说法。唐代段成式《酉阳杂俎》记载："鲁般者，肃州敦煌人，莫详年代，巧侔造化。于凉州造浮图，作木鸢，每击楔三下，乘之以归。"这个鲁班，可能就是古代的鲁班传说，也可能是一个学鲁班的人，同时又是一个巫师，是敦煌人。

卢南乔教授主张鲁班、公输般是一个人，他根据有关鲁班、公输般、公输若的13个传说故事所涉及的人物——季康子、鲁公、楚王、宋公、墨子，推定鲁班是春秋战国之交即公元前510年～前440年左右的人。（见《山东古代科技人物论集》）

也有人认为鲁班、公输般是两个人。晋人葛洪《抱朴子·辨问篇》说："班（鲁班）、输（公输般）、鳌（黄帝时巧人）、狄（墨翟）机械之圣也。"葛洪在这里把鲁班、公输般视为两人。《古乐府》诗："谁能为此器，公输与鲁班。"因此，他们主张不能将公输般的发明创造记到鲁班的头上。《世本·作篇》记载："公输作石䃺。"石䃺就是磨。这是说公输般发明了磨。丁山在《中国古代宗教与神话考》一书中，对这种说法提出疑问。因为春秋战国时期，还没有磨，我国人民只能吃粮食粒或捣碎的少量的面，而不能大量地吃面食。

明代罗欣《物源·器原篇》说，鲁班作耷、磨、碾子，瞯门窗以辅首。公输般作铠、钻、隐括。一两千年来，生产、生活和作战所用的器具，都传说是鲁班发明的，这不能作为信史。

有人认为鲁班造了赵州桥、卢沟桥。据说鲁班曾与妹妹比赛，在一夜之内（以鸡鸣为限）要修三座桥。鲁班将赵州桥、卢沟桥修好以后，正在修第三座桥，妹妹怕他累坏了，就学着鸡叫。鲁班以为真的鸡叫，就停了工。这座未竣工的桥，就是鸡鸣驿的石桥。（见中国民间文艺研究会、北京文联合编《北京传说故事资料》第3集）据说，五台山的悬空寺、绍兴的北海桥、桂林的花桥、北京天坛祈年殿等都是鲁班修的或鲁班指导修建的。有些地方的自然名胜，也说是鲁班的遗迹，如长江上的瞿塘峡岩穴间露出一块匣子样子的石头，传说是鲁班的风箱。

古书记载把很多发明创造都集中到鲁班这一历史传说人物身上。这些，只能算是民间传说而已。

由此看来，鲁班、公输般到底是一个人还是两个人仍是一个悬案。

## "舞蹈彩陶盆"之谜

1973年秋，青海省大通县上孙家寨出土一件新石器时代的彩陶盆。它属于马家窑类型内壁绘有"舞蹈"花纹的彩陶盆。与陶器伴出的还有骨纺轮、海贝、穿孔蚌壳等。"舞蹈纹"彩陶内壁有舞蹈形画面三组，每组五人，手拉手，面向一致，头侧各有一斜道，似为发辫，摆向划一，每组外侧两人的一臂画为两道，似有反映空着的两臂舞蹈动作较大而频繁之意。人下体三道，接地面的两竖道，为两腿无疑，而下腹体侧的一道，似为饰物。(《文物》1978年第3期)

这件罕见的"舞蹈纹"彩陶盆一出土，立即引起专家们极大的兴趣和重视，他们就舞蹈的性质和名称、原始舞乐的起源、当时的社会生活状况等问题进行了广泛的探讨和研究，然而对问题的阐释说法很不一致，大相径庭。

对于舞蹈的性质，有的认为是"先民们劳动之暇，在大树下、小湖边或草地上，正在欢乐地手拉手集体跳舞和唱歌"。(参阅《文物》1978年第3期青海省文物管理处考古队的文章。)有的从原始歌舞的源起进行考证，认为是图腾活动的表现，具有严重的巫术作用和祈祷功能。所谓头带发辫似的饰物和下体带有尾巴似的饰物，不就是"操牛尾"和"干戚羽旄"之类吗？"手拉着手"地跳舞不也就是"发扬蹈厉"吗？它并不像今天表面看来那么随意自在，它以人体舞蹈的规范化了的写实方式，直接表现了当日严肃而重要的巫术礼仪，而绝不是"大树下""草地上"随便翩跹起舞。翩跹起舞只是巫术礼仪的活动状态，原始歌舞正乃龙凤图腾的演习形式。（参阅李泽厚《美的历程》文物出版社）

关于画面上的舞蹈者服饰问题，有的认为陶盆上所绘的是裸体舞，五个舞人完全是露体的。缅想当时原始人还未有冠服衣履。也有的认为与陶盆同时出土的，有作为装饰品用的穿孔的贝壳，有从事纺织的骨纺轮。这说明，当时的原始居民已不是完全赤身露体、不知修饰的不开化的人群。

舞人下腹体侧所画的斜道，究竟标志何物？这是和有无服饰的问题密切相关的。持"无服饰"论者，认为它是男性的象征。持"有服饰"论者，则认为它是一种"尾饰"，是以狩猎为主的氏族，在舞乐或祭祀活动中装着的"兽尾"。汤池在《谈舞蹈彩陶盆纹饰》（见金维诺《中国美术史论集》一书附录）一文中更认为画面上"兽尾"的细节，是探明舞蹈性质与名称的一把钥匙，只有把那一斜道视为兽尾，才算掌握了这把钥匙。凭着它，能够更好地揭示"劳动先于艺术"的规律；说明原始的狩猎舞，从服饰到动作，都是狩猎劳动的再现。原始社会的猎人，为了使自己易于接近狩猎对象，以便伺机发起突袭，在出猎时往往身披兽皮，伪装成野兽的模样。旧石器时代晚期的法国洞穴壁画中，曾不止一次地发现身披兽皮、装扮成野牛或赤鹿的猎人画像，作匍匐前进或吹笛诱兽的姿态。特别引人注意的是，云南晋宁石寨山出土的西汉时期的滇族青铜乐舞俑，其舞衣背后，明确地装饰着兽尾。根据这些旁证资料，汤池认为这件彩陶盆的舞人装饰着兽尾的说法，是能够成立的。

不论对哪一个问题，现在意见都很不一致，将来恐怕也难一致，毕竟离现在太远久了，资料又是这么匮乏，真是"此情可待成追忆，只是当时已惘然"。

## 泰山封禅起始时间之谜

泰山封禅是我国历史上封建帝王的一项极其隆重的政治活动，被定为国家大典。所谓泰山封禅，就是封泰山，禅梁父。"封"是在泰山顶上积土为坛祭天，以报天之功；"禅"原写作墠，是在泰山下的小山梁父（也写作梁甫）山上辟基祭地，以报地之功。这种盛典即叫封禅大典。

为什么历代帝王要选择在泰山封禅呢？泰山海拔只有1 524米，在五岳中不算太高，却被尊为"岱宗"、"五岳独尊"、"五岳之首"。其由来还必须从战国说起。战国时，齐人邹衍创立了阴阳五行学说。齐、鲁学者认为五岳中以泰山为最著名，东、西、南、北、中分别属木、金、火、水、土。东方属木，是日出的地方，被认为万物之始、阴阳昏晓交代之处。《风俗通义》说："泰山之尊，一曰岱宗。岱，始也；宗，长也。……王者受命，恒封禅云。"因而历代帝王都渴望到泰山封禅。

封建时代的这一神圣大典，并不是每代帝王都能举行的。《五经通义》说："易姓而王，致太平，必封泰山，……告太平于天，报群神之功。"周文王、周武王虽然都是历史上有名的帝王，但文王时政不及泰山，武王克商二年，天下未得安宁而崩，他们都没有能到泰山封禅。齐桓公会诸侯于葵丘，而欲封禅，管仲曾加以劝阻。齐桓公只是一个霸主，不是受命于天的天下共主，不能封禅。季孙氏是鲁国专权的陪臣，更无资格去礼拜名山。可是季孙氏竟然跑去祭祀泰山，孔子曾讥讽季孙氏旅于泰山，认为纯属僭越行为。举行泰山封禅大典是被视为国家兴盛、政权稳固的标志，因而成为历代帝王狂热追求的目标。泰山封禅的皇帝，可以"奉天承运"的真龙天子自居，可以此粉饰太平，安定人心，欺骗人民。

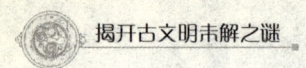

关于泰山封禅起于何时，历史上存有几种说法。

**一、起于伏羲以前的无怀氏或无怀氏以前很久的时代。**

《管子·封禅篇》记载：管仲曾向齐桓公叙述了自古以来，封禅的帝王有72家。他能说出姓名的只有12家，即无怀氏、伏羲、神农、炎帝封泰山、禅云云山（在今蒙阴县东北）。黄帝封泰山、禅亭亭山（在今泰安市西南）。颛顼、帝喾、尧、舜封泰山、禅云云山。禹封泰山、禅会稽山（在今浙江绍兴）。汤封泰山、禅云云山。周成王封泰山、禅社首山（在今泰山之南）。这12家帝王，以无怀氏为最早。

《尚书序疏》说，上古时代封泰山、禅梁父者万余人，仲尼看了不能尽识。管仲对齐桓公说，古之封泰山者72家，我管夷吾所识仅12家而已。上古登封者皆"刻石纪号"，远者字有损毁，故不可识。管仲所不识者60余家，又在无怀氏前。孔子观而不识者又多于管仲。

从《尚书序疏》的记载中可以看到：古代帝王封禅开始于无怀氏以前很久很久的年代。那些部落酋长登泰山祭祀，都"刻石纪号"，到管仲、孔子时代，即有许多无法辨认了。

**二、从黄帝开始。**

《韩非子·十过篇》记载，黄帝大合鬼神于泰山之上。韩非所记载的鬼神，实际是当时各部落的酋长们。《史记·五帝纪》记载：黄帝时，"万国和，而鬼神山川封禅与为多焉"。就是说，黄帝时天下太平，在自古以来的帝王中，唯有黄帝登泰山封禅祭祀山川鬼神为最多。据《史记·封禅书》记载：汉武帝时，济南人公玉带曾向皇帝献黄帝时明堂图。汉武帝根据公玉带所献之图，在汶上建筑明堂。这是说，黄帝在泰山封禅即建筑了明堂。

**三、从舜开始。**

《尚书》是我国最古老的一部公文汇编史书。《尚书·舜典》记载："岁二月，东巡守，至于岱宗，柴，望秩于山川。"《礼记·王制》也作了相同的记载。司马迁虽然也引证了管仲对齐桓公讲述无怀氏等封泰山的事，但《史记》中记载古代帝王封禅活动，却是从舜开始写起。

四、从秦、汉开始。

隋代王通对传统的自古帝王都封禅的说法提出质疑。他明确地说：封禅非古制，实从秦始皇、汉武帝开始。清代马端临赞同王通的说法。马端临指出：无怀氏至三代即封禅的说法，"盖出齐、鲁陋儒之说，《诗》《书》所不载，非事实也"。秦始皇、汉武帝登泰山封禅，《史记》《汉书》都有详细记载，不仅在秦始皇、汉武帝本纪里有记叙，在《封禅书》《郊祀志》里都作专门记叙，可以作为信史不疑。

秦始皇到泰山封禅，礼仪都是采自秦国祭上帝时所用的那一套仪式。不让儒生们参加，他们怨恨秦始皇。恰好秦始皇走到半山腰遇上大风雨，在松树下躲雨。儒生们讥笑秦始皇犯了天怒。

汉武帝到泰山封禅，祭祀时，把各国进贡的奇兽珍禽放了满山，好像真的来了麒麟凤凰一样，还下诏把这一年改为元封元年。

# 东西方的交通开端之谜

汉武帝时张骞两次出使西域，联络月氏、乌孙国，虽然并未实现结盟的目的，但在历史上仍具有十分重要的意义，被认为是汉政府与西域各小国建立友好联系之举，更被人们一般认为是开辟了中西交通的创举。

但是，近有不少学者纷纷指出，把张骞通西域视为中西交通的开端是不确切的。有人提出，梵语"摩诃"（意为"大"）一词早在周初即已在吴地流传。更有人推断，中国的丝绢开始西传之时，最晚也不会迟于公元前15世纪的商代中期。维也纳大学的科学家确认，最近在埃及一个木乃伊头上发现的一束中国丝绸，是属于公元前10世纪的遗物，这是在国外发现的我国丝绸的最早实物。

此外，《旧约全书》中《以赛亚书》称中国人为"丝人"，而《旧约》写成于公元前8世纪。还有，公元前400年希腊人克泰夏斯和公元前3世纪斯特拉波的著作中也称中国为"赛里斯"——即产丝之地。

中国学者中也有不少人指出，传说中的黄帝、尧、禹都曾涉足西域。更有学者近年来指出，成于战国时代的《穆天子传》这本书，记载了西周王朝第五代国王周穆王在他在位第17年率兵西巡所经过的地域；司马迁对此并不怀疑为史实，并在《史记·赵世家》中记载了周穆王"西巡狩，见西王母，乐之忘归"。据今人考证，《穆天子传》书中的地理记载确实有不少真实可信之处，周穆王此次巡西，可能到达现今的吉尔吉斯大草原，这一路线中有一大部分实际上正是自古以来和田玉东运之路。和田玉在商代即已大量东运，这可以从《逸周书·世俘解》中记载有周武王"俘商归玉亿有百万"；在安阳妇好墓一次就出土了玉器七百五十多件等历史记载中得到参证。

学者们还引证战国魏襄王墓中出土的《竹书纪年》所记载的商代与西方各国的交往，其中有"奇肱氏以东至"。意大利人艾儒略《职方外纪》考证，奇肱可能在现今意大利的西西里岛；《山海经》中也有"华山西七千七百六十七里，曰不周之山"，不周山应指葱岭；而屈原的《离骚》中"路不周以左转兮，指西海以为期"，西海应在于阗之西的黑海或热海。

从以上这些学者们的研究可以看到，最晚到战国中期，中原与西域之间已早有来往联系；当然这些记载是否都是史实还有待证明。不过，既然张骞首次打开中西交通之说似不准确，那么最早首开中国与西域联系究竟是出于何人何时，仍是一个留待时日以求索解的谜。

## 中国的古长城之谜

中国的万里长城是举世知名的人造奇迹之一，"长城"一词最早见于司马迁所著《史记》。《史记·楚世家·正义》引《齐纪》："齐宣王乘山岭之上筑长城，东至海，西至济州，千余里，以备楚。"但是《史记》里面也有许多意义相近、称谓不同的说法,指的也是长城,像城堑、长城亭、鄣、塞等。历代其他典籍,如《汉书》有时称之为塞垣,《晋书》称长城为塞,《魏书》称作塞围,《北史》契丹传称长堑,《通典》作长城障塞,《明史》则名之为夹道、边墙、墙堑等。现在我们通称为长城或万里长城,指的是以石筑或土筑的长城线本身。

"长城"既以长得名,甚至有"万里"之号,那么长城到底有多长呢?又止不止万里?有关这一类的问题,二十四史之中,从《史记》到《明史》,以及稍后的《读方舆纪要》,都有记载。清代顾亭林《昌平山水记》、近代寿鹏飞的《历代长城考》,更是专门探讨中国古代长城的著作。因此,根据这些史料与专著,长城有多长,实在是可以粗略计算出来的;但正确的数字,因年代久远,遗迹又多不完整,也未有人进行全面的查考,似乎难有定论。

可以这么说,如果不计算分布于东西、南北,在中国土地上绵延起伏的全部城墙,只取横贯中国北方、规模最完整宏大的北方长城,那么东西应长达6 000余千米,合12 000余华里,倒也真的名副其实,可以称为"万里长城"。但如果将历代在中国境内建筑的长城全部加在一起,那么长城又怎止于万里。根据历史记载,中国历代有二十多个王朝和诸侯国家曾经动员修筑长城,而其中秦、汉、明三朝,每一朝所造的长城,都超过5 000千米,倘若把其他各朝所修筑长城相加,约略的估计,就在5 0000千米以上了。目前在中国境内十多个省份均有长城遗迹,有的省份境内的长城遗迹,更有达15 000公里长的!

不过,我们现在一般所指的长城,主要是明代集前代长城修筑而成的部分,但即以明代长城而论,这道以砖石、土方所修,厚1米、高5米的长墙,其材料拆下排成一行,已足以绕地球一周而有余了。这么浩大的工程,的确令人叹为观止。何况,建造长城并不是随便堆砌而成的,还有严密的布局与交通设施。据说建筑长城时因设计十分周密,长城建成后只剩一块砖!

中国境内始建长城,据历史记载起于春秋战国时期,也就是公元前7

世纪至公元前 5 世纪之间。《史记》记载齐宣王为了防备楚国，东至海，西至济州，在丛山叠岭之上修筑了长城；《水经注》卷二十一也载称："楚盛周衰，控霸南土，欲争强于中国，多筑列城于北方，以逼华夏，故号称此城为万城"；《史记·秦本纪》说："楚、魏与秦接界。魏筑长城自郑滨洛，以北有上郡"；而燕国及赵国，根据《史记·匈奴列传》和《赵世家》记载，也各自筑有长城。总之，春秋战国时期的诸侯国家，为了互相防御，并且抗拒外族入侵，多数筑有城墙，而因为这种城墙与一般周围封闭式的城墙不同，所以称为长城或长垣。

秦始皇吞并六国，统一中国之后，为了防范北方匈奴入侵，将燕、赵、魏各诸侯国家建造的长城，费了 10 多年的时间、30 万人的劳力，初步连接起来。秦代的长城，西起甘肃临洮（岷县），沿黄河至绥远省临河，北达阴山，南到山西雁门关、代县、蔚县，接燕国北长城，经张家口东指燕山、玉田、锦州延到辽东。战国时代长城的构造，以陕西韩城县南面，马陵庄附近遗留的魏长城为例，南北平行共有两道，其间相距 160 米；南长城基部宽 7 米，顶部宽 4 米，北长城基部宽 5 米，顶部宽 3.5 米，全用黄土夯筑。秦代的长城，以甘肃临洮遗址看来，也几乎全部用黄土筑成，有的地段则用黄黏土夹杂少量碎石建造。

汉代的长城，从一些遗址看来，其尺度和烽火台的形制都远超前代，有些城墙和烽火台更能保存到今天。汉代除重修秦代长城外，还修筑朔方长城，并大修凉州西段的长城，以保证西域走廊畅通，并有加强统治及切断匈奴与西域联系的作用。凉州西段的长城据《居延汉简》记载，"五里一燧，十里一墩，卅里一堡，百里一城"，但考古学家在现场调查发现实际上三里左右即有一燧，几十里便有一城，可见规模宏伟，已发展为政治、经济、军事作用兼备的完整防御体系。

汉代的长城与战国及秦代长城，构造也颇有分别。以敦煌西南玉门关汉长城遗址而言，墙基宽 3.5 米，上部宽 1.1 米，墙身距地基 50 厘米开始，每隔 15 厘米就铺一层芦苇，做防碱夹层，夯土则取用当地黄土，还杂以细石。汉长城的烽火台，大都建在长城边缘，有的在墙内，有的则在墙外，今天还留存几百座之多。

今日八达岭、居庸关等地雄伟的长城段落，是明代重新修建的，先后花了 100 多年时间。明代长城西起嘉峪关，东至山海关，全长 12700 余里，分为两大部分。山西以东的东半部蜿蜒于崇山峻岭之间，曲折而有气势，城墙基部宽 6 米，顶部宽 5.4 米，墙顶外部并设有高 2 米的垛口，内部则砌有 1 米高的女墙。城墙多数用砖砌筑，内部则夯土，高 8.7 米，墙身每隔 70 米左右，设有住人及不住人的两种敌台。山西以西的西半部，全部以夯土筑成，墙身基部宽 4 米，顶部宽 1.6 米，高 5.3 米，也建有敌墙、垛口及烽火台。明代长城，关城甚多，大都建于地势险要之地，例如名闻天下的山海关和嘉峪关等，雄踞山峦之上，气象万千，登临城楼，更能饱览奇丽风光。

长城虽长，以现代战争的眼光看来，似乎并无重大的防御作用，但在古代是颇具防御作用的工事，所以历代都不惜耗费大量的人力物力，修筑长城。因此，长城也就越来越长，成为太空人漫步月球回顾地球时，唯一能看到的人类建筑物，是令人神往的游览胜地。万里长城，是古往今来足以让中国人引为骄傲的伟大建筑物。长城除了防备外敌之外，在历史上也发挥过促进经济、文化发展，保障中西交通要道的作用。例如为解决长城沿线驻军的补给问题，秦、汉以来就制定了"屯田"制度，给原来荒芜的地区，带来了农牧生产、经济、文化的发展。其后修筑的河西长城，还有保护中西交通要道的作用。二千多年以前，中国的丝绸、工艺品等，便是经此大道输往伊朗、叙利亚及欧洲的。外来的商品和文化，也由此输入中国。中西的交流，更使这条交通要道上一些地方产生了辉煌的艺术，如敦煌石窟、麦积山石窟等。这条交通要道，便是令人神往的"丝绸之路"。古来的骚人墨客，更为长城写下了许多不朽的诗篇，至今为人传诵。流传民间的孟姜女哭长城故事，脍炙人口。据说在秦始皇时代，有一对叫作范喜良和孟姜女的夫妇，新婚不久，范喜良便被强征修长城，终于不堪劳苦，疲累而死，从此音信全无，孟姜女思夫情切，就为范喜良做了"寒衣"，出门寻夫。孟姜女历尽了千山万水、雨露风霜,跑到长城边,想与夫团聚。但她去到那里,才知道丈夫已死,于是放声恸哭,哀声动天地,泣鬼神,泪水飞溅,更若江河,将长城冲开一道40里长的缺口!

但历史上到底有没有孟姜女这个人呢?她和范喜良的动人故事,又曾否发生?根据前人的考证,孟姜女并无其人,她的故事可能是依据《左传》记述的一则故事穿凿附会而成的。《左传》记载齐国有一个叫作杞梁的人,在攻打莒国时战死,他的妻子跑去哭涕,事情发生在秦始皇之前300多年,所以是毫无关系的。不过,这个民间传说,可以说是长城故事的一段悲歌,似乎也反映了秦始皇修筑长城,沉重的徭役压迫,曾经使不少人妻离子散。

后代有关寡妇哭城墙的传说颇多,汉代《说苑》《列女传》,以及《闺苑》等,都有大同小异的记载。《说苑》还说:"其妻闻之而哭,城为之瞕而隅为之崩。"然而这些典籍并没有提到孟姜女的名字,也未涉及长城。但在敦煌石窟发现的一首唐人小曲,则涉及孟姜女到长城为丈夫喜梁送寒衣的事,大概到唐代,才演变为固定情节的故事。根据《北辕录》记载,孟姜女哭长城的故事在宋代已家喻户晓,并有人为孟姜女修祠筑庙塑像了。

## 马王堆古尸不腐之谜

1972年,在中国湖南马王堆古墓中出土了一具女尸,它震惊了世界,为什么呢?原来,尽管历经2 000年,但这具女尸外形完整,面色鲜活,发色如真。解剖后,其内脏器官完整无损,血管结构清楚,骨质组织完好,甚至腹内一些食物仍存。为什么这具古尸历经千年不腐呢?

一般来说,古墓中的尸体留至今天,只会出现两种结果:一是腐烂。因为在有空气、水分和细菌的环境里,大量的有机物质会很快腐烂,棺木也会腐朽，最后尸体也难免烂掉。二是形成干尸。这需要极为特殊的气候条件，在特别干燥或没有空气的地方，细菌微生物难以生存，这样，尸体会迅速脱水，成为"干尸"。

马王堆的女尸为何成为"湿尸"而不腐烂呢？其原因有以下几点。

第一，尸体的防腐处理完善。经化学鉴定，它的棺液沉淀物中含有大量的乙醇、硫化汞和乙酸等物。这证明女尸是经过了汞处理和其他浸泡处理的，硫化汞对于尸体防腐的作用很大。

第二，墓室深。整个墓室建筑在地底16米以下的地方。上面还有高20多米、底径50米~60米的大封土堆。既不透气也不透水，更不透光。这就基本隔绝了地表物理和化学的影响。

第三，封闭严。墓室的周壁均用可塑性大、黏性强、密封性好的白膏泥筑成。泥层厚1米左右。厚为半米的木炭层衬在白膏泥的内面，共5 000多千克。墓室筑成后，墓坑再用五花土夯实。这样，地面的大气就与整个墓室完全隔绝了，并能保持18℃左右的相对恒湿，光的照射被隔绝，地下水也不能流入墓室。

第四，隔绝了空气。由于密封好，墓室中已接近真空，具备了缺氧的条件。在这种条件下，厌氧菌开始繁殖。存放在椁室中的丝麻织物、乐器、漆器、木俑、竹简等有机物和陪葬的大量食物、植物种子、中草药材等，产生了可燃的沼气。从而加大了墓室内的压强。沼气能杀菌。细菌在高压下也无法生存。

第五，棺椁中存有具有防腐和保存尸体作用的棺液。据查，椁外的液体约深40厘米，棺内的液体约深20厘米。但它们都不是人造的防腐液，而是由白膏泥、木炭、木料中的少量水分和水蒸气凝聚而成的。而内棺中的液体是女尸身体内的液体化成的"尸解水"。这种自然形成的棺液防止了尸体腐败，并使得尸体的软组织保持了弹性，肤色如初，栩栩如生。

在重见天日之时，千年的亡魂随同所有出土的文物，散发着迷人的光芒，让人不断惊叹于造化的神奇。

## 阿房宫的名字探秘

好东西总要被毁掉,也许是因为遭天妒。圆明园被焚于英法强盗之手,英法强盗为人们所痛恨和唾骂。然而项羽一把火烧掉阿房宫,人们却似乎不是那么恨他。

秦始皇灭六国,完成统一大业之后,自以为功德盖过三皇五帝,于是在首都咸阳大兴土木,建宫筑殿,供自己享用,所建的宫殿中规模最大的便是阿房宫。本来,"阿房"只是前殿的名字,但因直到秦灭之时宫殿都还未竣工,所以就把整座宫殿称为阿房宫了。

阿房宫汇聚了当时全国各地宫殿建筑的优点,规模空前,气势宏伟,它"离宫别馆,弥山跨谷,辇道相属",蔚为大观。《史记》记载:"先作前殿阿房,东西五百步,南北五十丈,上可以坐万人,下可以建五丈旗。周驰为阁道,自殿下直抵南山,表南山之颠以为阙,为复道,自阿房渡渭,属之咸阳。"

那么,这座宫殿为何取名"阿房"?历代记载说法不一,经查考发现,主要有以下三种观点:第一种观点认为"阿房"一名是由于宫址靠近咸阳而得名的。颜师古说:"阿,近也,以其去咸阳近,且号阿房。"第一种观点是以地址定名。第二种观点则是从阿房宫的建筑风格加以分析,认为"阿房"一名是根据"四阿旁广"的形状来命名的。阿,在古意中有曲处、曲隔、庭之曲的解释。杜牧的《阿房宫赋》中说此宫"五步一楼,十步一阁,廊腰缦回,檐牙高啄",正体现了阿房宫"阿"的特点。所以,《史记》索隐中解释此宫名时说:"此以其形命宫也,言其宫四阿旁广也。"第三种观点认为,"阿房"一名是由于宫殿建筑在大陵上而得名。这一观点出自《汉书·贾山传》,传中注释为:"阿者,大陵也,取名阿房,其言是高若于阿上为房"。意思是,阿房宫因宫殿建筑在大陵上而取名。考古发掘有力地证明了这一观点。古阿房宫的遗址所在地是今西安市郊约 15 千米的阿房村一带。发掘的遗址表明,当年的阿房宫坐落在地势高峻的丘陵上,至今这里还有宫殿的高大地基。

另外,在阿房村村南附近,有一个高殿遗留的大土台基,周长 31 米,高约 20 米;据考证在村西南还有一个是阿房宫前殿遗址的高大夯土台基,东西长约 1 200 米,南北长 500 米至 600 米,最高处 8 米左右。阿房宫就是建在这些高峻的台基之上。

上面的这三种观点都是言之凿凿,很难判定孰是孰非。所以,这座千古留名的宫殿的取名之谜,只能留待后人的进一步发现来解开了。

## 银针验毒之谜

很久以来,民间一直流传着银器可以验出食物中是否有毒的说法。那么,银针到底有没有验毒的功用呢?这一点,可以通过科学实验来证明。古代人说到毒物一般是指有剧毒的砒霜,即三氧化二砷。有趣的是,现代科学证明,无论从化学反应理论,还是从化学实验来看,银的金属性质相当稳定,在一般条件下并不能与砒霜起反应,也就是说,古人说的银遇有剧毒的砒霜会变黑这种现象没有产生的可能性。难道古人验毒之说是假的,这其中另有奥秘?

砒霜是由元素砷氧化而来的,而砷是从各种含砷的矿石中提制,其中提制砷的主要矿石是砷黄铁矿。但它常与其他多种硫砷化物和硫化物共生,其中还可能常伴有自然硫。问题可能主要在于砒霜的纯度上。古人所用砒霜里可能都伴有少量硫化物和硫,因为古人制取砒霜的技术很差。由于非金属元素硫能与大多数金属或卤素(除碘外)直接起反应,所以银遇到硫就会生成黑色难溶的硫化银,也就是发生变色。而现在实验中所有的砒霜是较纯净的三氧化二砷,所以当然用银检测不出来了。那么,银针到底有没有验毒本领呢?从现代生物化学的角度来看,有不下数千种(包括天然和人工的)能够危害生物生理机能的毒物,一般人较熟悉的一些剧毒物有砒霜、氧化物、蛇毒等,都不与银直接发生化学反应。所以,银有验毒本领的说法是站不住脚的。

## 轮船是否起源于中国

在当代,轮船在人们的日常生活中发挥着重要的作用,追溯其历史,我们会发现,轮船的发明与中国人有着很大的关系。

最早的船称为车船,车船又称作车轮舟,其前身是南朝的祖冲之制成的千里船。这种船不受流向、风向的限制,内部没有机关,可以自己运行,日行50多里。

千里船的推动工具在史书上没有明确记述,有的学者根据当时机械学的发展情况分析,它可能是由人力踏动木叶轮而前进。但从此以后,史书上再也没有出现车轮舟的记载,可见千里船在后来并没有被广泛应用。

唐朝德宗时,江南道节度使洪州刺史李皋设计制造了一种新型战舰,史书上关于车船最早的明确记载里写道:这种战舰两侧分别装置一个轮桨,士兵用脚踩踏,带动轮桨转动,使舰前进,能取得与挂帆船一样的速度。

宋朝时车船才得到实际应用和发展。北宋李纲根据李皋的遗制,造战舰数十艘,上下三层,装置车轮,用脚踩踏前进。车船作为水军的新型战舰列入编制的时代是南宋。

公元1131年,鼎州(今湖南常德)知州程昌寓命令南宋造船厂工匠高宣打造了8艘车船来镇压杨幺起义。这种车船用人力踏车行驶,船旁设置车板,速度很快,却不见船桨,被人们叹为神奇。交战中,起义军俘获了造船工匠高宣并夺了车船8艘。

高宣又在起义军中对车船进行了改造。他在两个月内为杨幺的起义军建造了大小船十多种、数百只,其中"和州载"号有24个轮子,"大德山"号有32个轮子,其上层还有三层建筑,高达10丈以上,可以载1000名士兵,前、后、左、右都装有拍竿。这种车船在和南宋战舰交锋中以轮击水,行驶如飞,官军的船只迎上去就被拍竿击碎,起义军在几百只官船中如入无人之境,擂鼓呐喊,踏车回旋,横冲乱撞,官军闻风丧胆。

从此,杨幺的起义军声威大震。由此可见,车船在杨幺起义军的作战中发挥了相当大的威力。

1179年,在江西出现了一种被当地人称为马船的新的车船,船上装有女墙、轮桨,可以拆卸。

平时可以作为渡船运送物资,战时可以改装成战船用来作战。1183年,陈镗建造了多达90轮的车船,从而使其航行速度更快。

但是车船作为民间船只,一直没有发展起来。虽然如同许多专家说的那样,车船的发明给当今轮船的发展奠定了基础,也显示了中国古代人民的创造才能,但它只能算作轮船的始祖,因为外国人发明轮船不是受中国古代车船的启发的,二者的动力来源本身就不一样,一个是依靠人力,一个是依靠蒸汽动力。

## 丝绸之路探秘

汉武帝初年的时候,匈奴中有人投降了汉朝。汉武帝从他们的谈话中知道了一点西域(今新疆和新疆以西一带)的情况。他们说原来草原上有一个叫月氏的国家,他们被匈奴人打败了,被迫向西逃去,现在就定居在西域一带。他们跟匈奴有深仇大恨，一直想要报复，可就是自己的力量不够，又没有人能帮助他们。

汉武帝心想，这个月氏国既然是在匈奴的西边，汉朝如果能跟月氏联合起来，从东西两边夹击匈奴，就能切断匈奴跟西域各国的联系，这不是等于切断了匈奴的右胳膊吗？那样就能削弱匈奴人的力量了。

于是，他下了一道诏书，征求能干的人到月氏国去联络。在当时，谁也不知道这个月氏国到底在哪儿，也不知道离中原有多远，更别说中间还要路过匈奴人的势力范围。要担负起这个任务，可得有很大的勇气才行。

正巧当时朝中有个年青的郎中，名叫张骞，很有胆识。他觉得这是一件有意义的事，就首先应征。有他一带头，别的人胆子也大了，很快就有一百名勇士应了征。有个在长安住了很久的匈奴族人，叫堂邑父，他也愿意跟张骞一块儿去找月氏国。

于是，公元前138年，汉武帝就派张骞带着这一百多人出发去找月氏。要到月氏，就一定要经过匈奴占领的地界。张骞他们小心地走了几天，还是被匈奴兵发现围住了，全都做了俘虏。

匈奴人没有杀他们，只是派人把他们分散开来软禁起来，只有堂邑父跟张骞被关在一起，一住就是十多年。

日子久了，匈奴对他们管得不那么严了。张骞跟堂邑父商量了一下，抓住匈奴人不防备的时间，骑上两匹快马逃了。

他们一直向西跑了几十天，吃尽了苦头，终于逃出了匈奴的地界。但是，他们并没有找到月氏国，却意外地闯进了另一个国家，叫大宛（在今中亚细亚）。

大宛和匈奴是近邻，当地人懂得匈奴话。张骞和堂邑父都能说匈奴话，交谈起来很方便。他们见了大宛王，大宛王早就听说汉朝是个富饶强盛的大国，听说汉朝的使者到了，很欢迎他们，并且派人护送他们到康居（约在今巴尔喀什湖和咸海之间），再由康居到了月氏。

月氏被匈奴打败了以后，就迁到大夏（今阿富汗北部）附近建立了大月氏国。因为那里水草丰美，物产丰富，人民过的都很好，所以他们也不想再跟匈奴作战了。大月氏国王听了张骞的话，虽然不感兴趣，但是因为张骞是汉朝的使者，也就很有礼貌地接待了他。

张骞和堂邑父在大月氏住了一年多，还到大夏去了一次，看到了许多从未见到过的东西。但是他们一直没能说服大月氏国共同对付匈奴，只好回来。在经过匈奴的地界时，他们又不幸被抓住，扣押了一段时间以后，正巧匈奴发生了内乱，这才逃出来回到了长安。

张骞这次出访，在外面足足过了十三年才回来。汉武帝认为他立了大功，封他做太中大夫。

张骞向汉武帝详细报告了西域各国的情况。他说："我在大夏看见邛山（在今四川省，邛音 qióng）出产的竹杖和蜀地（今四川成都）出产的细布。当地的人说这些东西是商人从天竺（就是现在的印度）贩来的。"他认为，既然天竺可以买到蜀地的东西，就一定离蜀地不远。

于是，汉武帝再次派张骞为使者，带着礼物从蜀地出发，想去结交天竺。张骞把人马分为四队，分头去找天竺。四路人马各走了上千里路，都没有找到传说中的天竺国。有的还被当地的部族打了回来。

往南走的一队人马到了昆明，也给挡住了。汉朝的使者绕过昆明，到了滇越（在今云南东部）。

滇越国王的上代原来是楚国人，已经有好几代跟中原隔绝了。他表示愿意帮助张骞找道去天竺，可是昆明在中间挡住，还是没能过去。

等张骞回到长安，汉武帝认为他虽然没有找到天竺国，但是结交了一个一直没有联系过的滇越，也很满意。

到了卫青、霍去病消灭了匈奴兵主力，匈奴逃往大沙漠北面以后，西域一带许多国家看到匈奴失了势，都不愿意再向匈奴臣服、进贡纳税了。汉武帝趁这个机会，再派张骞去通西域。公元前119年，张骞和他的几个副手，拿着汉朝的旌节，带着三百个勇士，每人两匹马，还带着一万多头牛羊和黄金、钱币、绸缎、布帛等礼物去结交西域各国。

张骞首先到了乌孙国（在新疆境内），乌孙王亲自出来迎接这些汉朝的使者。张骞送了他一份厚礼，建议两国结为亲戚，共同对付匈奴。乌孙王只知道汉朝离乌孙很远，可不知道汉朝的兵力有多强。他想得到汉朝的帮助，又不敢得罪匈奴，因此乌孙君臣对共同对付匈奴这件事商议了几天，还是决定不下来。张骞恐怕耽误了行程，就打发他的副手们带着礼物，分别去联络大宛、大月氏、于阗等国家。乌孙王还派了几个翻译帮助他们。

这许多副手去了好些日子还没回来。乌孙王先派人送张骞回到长安，派了几十个人跟张骞一起到长安参观，还带了几十匹高头大马送给汉朝。

汉武帝见了他们已经很高兴了，又瞧见了乌孙王送的大马，所以格外优待乌孙使者。这些乌孙使者瞧见了大汉的富强，都感到很震惊。

过了一年，张骞得病死了。这时他派到西域各国去的副手们才陆续回到长安。副手们把到过的地方合起一算，总共到过36个国家。

从此，汉武帝每年都派使节去访问西域各国，并且和这些国家建立了友好交往。西域派来的使节和商人也络绎不绝。中国的丝和丝织品，经过西域运到西亚，再转运到欧洲，后来人们就把这条路线称作"丝绸之路"，同时，人们也记住了张骞这个名字。

## 越王勾践剑之谜

近年来，湖北望山沙冢楚墓出土的一件青铜铸成的宝剑引起了人们广泛的关注。该剑出土时，放置在棺内人骨架的左侧，并插入涂墨漆的木鞘里，将剑拔出鞘，寒光耀目，剑身一点儿也没有锈蚀，其锋利的薄刃也将20多层纸一击而破。剑全长55.6厘米，剑身长45.6厘米，剑格宽5厘米。剑身满饰黑色菱形几何暗花纹，另外还分别用蓝色琉璃和绿松石在剑格的正面和反面镶嵌成美丽的纹饰，剑柄以丝线缠缚，剑首向外翻卷作圆箍形，内铸有非常精细的11道同心圆圈。有两行鸟篆铭文位于剑身一面近格处，经专家考证，铭文为"越王勾践，自作用剑"。

越王勾践青铜剑，不仅有精湛的铸造技术、秀美的花纹，而且在地下深埋2 400多年而不锈，仍保持着耀眼的光泽，这到底是什么原因呢？根据古代史书记载，春秋末年中国在青铜铸造方面已经掌握了将器身与附件分别铸造，再用合金焊接的冶金工艺。当时的炼炉，已开始采用皮囊鼓风加温的新技术。那么，这些名贵的青铜剑，又是怎样制造与防锈的呢？

1977年及1978年湖北省博物馆在有关单位的协助下，在复旦大学的静电加速器上，利用原子核研究所提供的检测设备，对越王勾践剑进行了无损伤测定与研究，终于揭开了笼罩在越王勾践剑身上长达千年的面纱。

根据测定的结构，勾践剑刃及剑身的成分显示含锡为16%～17%，这是铸造锡青铜强度最高的成分，并保持有一定延伸率；含锡再高，虽提高了强度，但抗强度及延伸性将迅速下降，做直刺用的兵器，要保证其强度以免弯折，而对砍击器的硬度或韧性则不太要求。

越王勾践剑和同墓出土的菱纹剑都使用了合理的含锡成分，吴越铸剑的高超水平得以充分的反映。勾践剑身的铅、铁含量较低，它们应是锡和铜的杂质元素，在熔铸时或者选料精良，或者通过精炼将铅、铁杂质予以去除。剑格使用了含铅较高的合金制作，这种材料有较好的流动性，容易制作表面的装饰。剑格表面经过了人工氧化处理，花纹处含硫高，硫化铜有抵抗锈蚀的作用，以保持花纹的美丽。勾践剑上镂有八字铭文，刻槽刃痕清晰可辨，由此可以肯定铭文系铸后镂刻。铭文笔画圆润，宽度只有0.3～0.4毫米，从中可看出其刻字水平之高。

越王勾践剑因剑的各个部位的作用不一样，铜和锡的比例也不同。刃部含锡高，硬度大，使剑非常锋利；而剑脊含铜较多，能使剑韧性好，不易折断。但不同成分的配合在同一剑上又是如何铸成的呢？专家们考证后认为是采用两次浇铸使之复合成一体的复合金属工艺。世界上其他国家到近代才开始使用这种复合金属工艺，而早在2 000多年前的中国，古代劳动人民就采用了这一方法。

# 《木美人》之谜

《木美人》是珍藏在广东省新会县的博物馆里的两幅西洋式的油画。这两幅油画,既非画在布上,也非涂在纸上,而是彩绘在两扇旧的木制的门板上,因而此画被人取名为《木美人》。画面上画的是两个亭亭玉立的美女,身材高度与真人相比,要略小些。

这两幅油画,之所以受世人瞩目,原因在于《木美人》画的少女是西方女子的相貌,却身着中国明代古装。她们高鼻子,蓝眼睛,耸肩膀,挽发髻,美丽高贵,栩栩如生,令人过目难忘,顿生喜爱之心。

《木美人》是怎样得来的呢?这里边有一段动人的故事。

据说明朝时,有一个广东人名叫李任开,他来到福建省莆田县当教谕(县文教部门长官)。4年任期满后,李任开回到原籍广东新会县老家,他带回两扇《木美人》油画。

在莆田民间,流传着有关这两扇《木美人》油画的神奇传说。一说该油画原被一个酒店的老板所得,酒店老板把《木美人》当作招待员一样做广告,把它立在店门口。想不到画面上的那两个美女会从门板上走下来为顾客斟酒敬菜,于是酒店生意十分兴隆,酒店老板因此发了大财。

另一说有一次发生火灾,烈火烧毁了全部建筑物,而唯独这两扇画被保存下来,至今人们还能见到油画的木板上有被火熏过的痕迹,因而更增加了《木美人》的神奇曲折性。

《木美人》这两幅画在木门板上的油画,是15世纪文艺复兴时期的作品,时间要早于利玛窦传入的油画100余年。它成了中国现存的最早的外国油画。

人们对《木美人》这两幅西洋式的油画存有一串串疑问:它的作者是谁?为何要用木板作油画?这两扇《木美人》画是做什么用的?

最奇怪的是，画中的女子形态是外国女人，怎么又穿了中国的明朝服装？还有这幅油画的由来等都是史学家们关注的问题，但至今仍无令人信服的答案。

# 敦煌藏经洞之谜

敦煌藏经洞是莫高窟的第 17 洞，在这里，曾出土了 5 万多卷佛教经书。它与甲骨文、汉简、明清档案并称为中国近代古文献的四大发现，在当时轰动了世界。但是有关此洞的详细情况，没有多少可靠的历史记载，学者们只能根据一鳞半爪的间接旁证，对这些佛经抄于何时，何时放进洞里，是什么原因封闭洞口等问题，提出一些猜测。

藏经洞封于何时？这是人们争论的一个焦点。法国学者伯希和是最早入洞的外国人，曾写过一本书叫《敦煌石室访问记》。他认为，封洞时间是在北宋初年。其根据是卷本所题年号之下限为宋太宗太平兴国（976~983）和至道（990~997）年间，且卷本中无一西夏文字抄本。有人不同意这种说法，因为在当时西夏还未使用本民族文字，通行的文字还是汉字，所以这种说法不能成立。

有人认为，藏经洞的封闭与伊斯兰教的东传有关。据史料记载，当时在西域有一个信奉伊斯兰教的哈拉汗王朝，在宋哲宗绍圣年间，曾向宋朝提出要向东攻打西夏，得到宋朝的赞许。在这种情况下，当地的一些佛教徒十分恐慌，纷纷内迁，因而封闭藏经洞，对这些佛经进行保护。所以，封洞时间当在宋哲宗绍圣（1094~1098）年间。

此外，还有宋仁宗皇佑（1049~1053）年间封闭、宋真宗咸平（998~1003）年间封闭、元代初年封闭、元末明初封闭等多种说法。除此之外，学者们还提出了一些与藏经洞有直接关系的问题。如洞内所藏经卷大多为残卷断章；还夹杂着不少伪经、抄错的废卷，及一些作废或过时的契约文书。令人们困惑不解的是为什么要收藏这些东西？如果仅仅为了避难，这里怎么不藏点儿有价值的东西？比如当时的曹氏政权从朝廷得到的金银字《大藏经》，以及锦袱包裹、金字题头的《大般若经》。

这些价值连城的东西在藏经洞里一件也没有。因此有人认为，为了尊佛，人们把抄写破损的佛经也收藏起来，不许乱扔；或是因为当时的曹氏政权有了比较完整的佛经之后，便对以前所藏图书进行清点，将无用的残卷、文书、废纸等都存入一个较小的不太重要的洞里，时间久了，便被人们遗忘了。也有人认为，藏经洞是由一个书库改造成的。大约在3 000年以前，折页式的刊本经卷传入敦煌，于是人们就将那些用起来不方便的卷轴式佛经和分散的杂物一并封入石窟。

但是关于藏经洞的封闭时间和封闭原因等问题，至今没有一个科学的结论，至今还是一个未解之谜。相信不久的将来，这些谜底终将被科学家们一一揭开。

# 吕祖墓地址之谜

山西省芮城县永乐宫，位于县西20千米永乐镇的峨眉岭下，北靠中条山，南临黄河，东有涧水流出，环绕永乐宫周围。

世代相传道教的纯阳子吕洞宾墓即在永乐宫门外东约200米处，高大的墓冢前，立有元代所刻石碑，上题"大唐纯阳吕公祖墓"，因此为世人所景仰。

吕洞宾相传名岩，号纯阳，唐代京兆（今西安市）人，亦有称河中府（今山西省永济市）人。曾在终南山中修道，后浪游江湖，自称为"回道人"。民间传说他有"江淮斩蛟""岳阳弄鹤""客店醉酒"等许多动人的故事，被道教徒尊为"吕祖"。

宋元以后，关于八仙的神奇故事在民间广为流传，其中传说较多的便是吕洞宾。宋徽宗尊孔崇道,不但在宫中设帐亲自听道士宣讲,而且又据蔡京的建议,汇集古今道教故事而编为道史,依科举制设立道学,道士可以考试做道官。在这种形势下,全国各地大修道观,道士领取俸禄。道观可以割地千顷,坐食百姓。吕洞宾作为全真道北五祖之一,大概从宋代中叶以后逐渐变成了"神仙"。

为了迁建永乐宫,1959年12月至1960年1月,山西省文物考古部门对"吕祖墓"进行发掘清理,这一工作自然引起社会各阶层的关注,不料,清理现场却出现了令人惊异的现象。

墓的顶部早年即已塌毁,封土下的单室土穴内积满了淤土。墓室平面为梯形,洞室前有长方形竖穴墓道。室内发现已朽烂的松木棺一具,棺板厚约10厘米,棺内是一男一女的合葬墓,男左女右,均仰身直肢而卧,头向北方。

虽然男女两具骨架都已腐朽,尤以女骨为甚,但其性别是完全可以鉴定的。在女头骨西侧,放着一件小口圆腹素面的灰色小陶罐,在骨架周围和女尸口中共发现铜钱七枚,其中开远通宝四枚,祥符通宝二枚,口中所含的则是一枚天圣元宝,都是宋代通行的钱币。

男尸腿骨东侧出土了三彩瓷枕一个,长18.5厘米,宽10.5厘米,两头略大,中间稍细,接近长方形。此外,墓中再也没有其他随葬品。

这次考古发掘的结果,使人迷惑不解,也使传说中的吕洞宾更增加了神秘感。

据元朝泰定元年(公元1324年)所立《重修纯阳万寿宫碑》记曰:"吕祖讳岩,字洞宾,号纯阳子,永乐镇东北里许招贤里人。大唐德宗贞元十二年四月十四日生。"又《永济县志》有唐吕洞宾故宅,在县南120里永乐镇,唐即其地为吕公祠,元中统三年改为永乐宫。根据以上记载和当地群众的历代传言,都认为吕洞宾既是永乐镇人,又有祠堂及墓葬在此,显然是不会错的。

但考古发掘表明,相传的"吕祖墓"竟为夫妇合葬墓,应该不是道士之墓,否则就极大地亵渎了道家;并且女尸周围和口中所含的铜钱证

明死者是在宋代天圣(1023~1032)年间或其后埋葬的,这与记载中唐代吕洞宾生存的时间相隔了近200年,吕洞宾活在世上有200多岁吗?

考古工作者进一步研究了这座墓,从骨架排列的完整情况判断,不是二次迁葬墓,可以确定此墓绝非唐代墓葬,即非吕祖墓。

在发掘"吕祖墓"的同时,还发掘了附近元代全真教知名领袖天师宋德方(披云真人)和永乐宫主持潘德冲(冲和真人)的两座墓,从墓志和墓葬形制、骨骼葬式、棺材雕刻及死者衣冠服饰等各方面来看,都是确凿无误的。

那么,"吕祖墓"到底是真是假?真墓在哪里呢?

综合各种史料,吕洞宾可能确有其人,为唐代中期的著名道士,至宋代已家喻户晓。但无论用炼丹、气功等任何方面解释,他也不可能有200年的寿命。考古发掘"吕祖墓"的结果,使大多数人确认了永乐宫不存在吕洞宾的墓葬;然而仍有些人心存疑惑:既然方志记载永乐镇在唐即建吕公祠,当与吕祖逝年相去不远,宋元世代祭祀,难道都是虚假的吗?吕洞宾一生云游四方,死后归葬故里,合乎情理,墓中有女尸附葬,是否可以用后来景仰吕仙的殉道者或其他特殊情况附其故茔来解释呢?也许吕洞宾尸骨在宋代迁葬时骨架并没散乱,因而看不出二次葬的迹象,这也是可能的吧?

对于这些疑问,考古学家还难于做出肯定和明确的答复。因此,"吕祖墓"的真假,至今仍不能最后断定,除非别处发现了真墓。

## 包公墓之谜

河南省巩义西南有北宋王朝9个皇帝的陵墓,习称"巩义宋陵",是闻名遐迩的旅游胜地。其中宋真宗的永定陵附近,有一座高约五米的圆形冢墓,就是世人熟知的陪葬真宗陵侧的包公墓。在影片《少林弟子》

中，当观众看到洪家班姐妹被恶霸豪强追逼至少林寺附近的包公墓前时，银幕上赫然出现了用颜体楷书写的"宋丞相孝肃包公墓"几个大字的巨碑。此时此刻，绝大多数观众都相信包公是长眠在这里了。

然而，这很可能是历史的谬误。

据考古界报道，包公及其夫人董氏墓、长子包繶夫妇墓、次子包绶夫妇墓、孙子包永年墓，十几年前都在安徽省合肥市东郊大兴乡双圩村的黄泥坎发掘出来了。淝水岸边出土的墓志铭确凿地记述了包公的生平，补充和修正了一些史实。包氏族墓及墓中出土的其他珍贵文物，既为史学界、文学界进一步研究包公的历史与传说提供了宝贵的资料，也为研究宋代的政治、经济和文化生活提供了难得的实物资料。

一个包公，为什么两座墓葬？如果合肥包公墓是"真"的，那么巩义的包公墓是怎么回事？

包公是我国古代一位杰出的政治家，姓包名拯，字希仁，祖籍庐州（今安徽）合肥。宋仁宗天圣五年（1027年）考取进士甲科，从而走上仕途，由建昌、天长县令而历任工部员外郎、枢密副使、朝散大夫，直至封为东海郡开国侯而病逝，终年64岁。

从《宋史》的记载及一些宋元野史材料来看，包拯其人在出任县令至枢密副使的一生中，秉性刚毅，处事严明，重视调查研究，坚持惩恶扶善，深得下级官吏和百姓的好评。在合肥出土的包拯墓志铭中，也记载了他以大义为重，不惧贪官豪强，并敢于上书皇帝查办枉法权贵的事迹。他策论国事能高瞻远瞩，讲究让百姓"衣食滋殖、黎庶蕃息"，主张"薄赋敛、宽力役、救灾患"。

在他管辖过的地区，不断修改地方法制，一方面废除了一些苛捐杂税；另一方面加强市场管理，惩办贪官污吏，以增加国库收入。他重视调查研究，执法如山，自身清白廉洁，不谋私利，因而得到人民群众的尊敬与赞扬。

包拯所处的时代，正是北宋王朝由盛转衰的阶段。北方契丹族建立的辽王朝屡次兴兵南犯，宋朝统治者却只求歌舞享乐。后来南北议和，边境没有多少战事了，从中央到地方的官僚地主更加在歌舞升平中沉沦，毫无富国强兵之念。日趋腐败的吏治造成了大批冤假错案，百姓怨声载道。在那黑暗的社会中，人世间魑魅横行，群众有苦难伸。在这种社会背景下，包公的所作所为，必然有口皆碑。合肥包公墓志为当时枢密副使吴奎撰写，称他"其声烈表爆天下之耳目，虽外夷亦服其重名。朝廷士大夫达于远方学者，皆不以其官称，呼之为'公'"。这就是包公的由来，可知"包公"是包拯在世时人们对他的敬称。

真正的包公墓在合肥市东郊，已成定案，这不仅有考古发掘的材料为确证，而且有宋代庆元年间淮南西路安抚司干办公事林至撰写的《重修孝肃包公墓记》等文献为印证。河南巩义宋陵中的包公墓虽然冢大碑高，也必然是一个"假"墓。但是，问题并不这样简单。

因为，在合肥包公墓正式考古发掘之前，人们普遍认为巩义包公墓是"真"墓，不仅有很高的封土和墓碑，而且地方史志均有记载，明代嘉靖三十四年修《巩县志》即载包拯墓位于县西宋陵中，清代顺治以后各时期版《河南通志》皆承袭旧说，可见明初就已存在这个包公墓，至少经历五六百年。现在，人们不禁要问：巩义包公墓究竟修于何时？为什么要建这个包公墓？里面到底埋葬着什么？它和合肥墓是什么关系？

这一系列问题，至今尚难于回答。

巩义包公墓修于何时，很难考证。现存关于此墓最早的记录是明朝嘉靖年间的县志，可知修建的时间不晚于明代中叶。元、明两代史籍对此均无说明。既然如此，为什么要修这座墓，里面究竟埋葬着什么，等等，也就无从得知了。

包公为什么两座墓，是"千古之谜"，而合肥包公墓地出土的材料同时又给历史学家们提出了许多新的问题，成为"谜中谜"。比如，在墓地中轴线的西南部，有一较大的封土堆，高约4米，底径10米，整个外形略大于包拯夫妇迁葬墓。从这个封土堆的地表再往下深挖3米，都是一色的生土，可知这个土堆是典型的"疑冢"。包公墓为什么设此"疑冢"？它是什么时代修建的？实在耐人寻味。又比如，嘉祐三年（1058年）包公 60 岁的时候，在皇帝面前声称自己"无子"，而就在这时他把自己一个已怀身孕的小妾孙氏遣送回了娘家，孙氏生子包绶，包公仍十分歧视，而由包公长媳崔氏暗地关照，后又力排众议帮助孙氏抚养。此事对于包公虽属瑕不掩瑜，毕竟很难理解，可算一桩"疑案"。再比如，包公戏曲中多有他为严守法纪而惩治皇亲国戚的故事，但墓志铭却记载包公本人即为"皇舅"，其中关节，至今鲜为人知。

　　淝水岸边，包公墓已见天日；嵩山北麓，包公墓依然高耸。一个包公，两墓遥望，给我们带来很多联想，等待我们去进一步弄清其中的奥秘。

# 第二篇 文明古国遗迹之谜

## 孔雀帝国之谜

当一个人把整个物质世界看作不过是一种幻觉的文明，对时间和地点一类细枝末节是不会感兴趣的。印度历史关心的仅仅是能否使印度哲学中的永恒真理清楚明白地显示出来。因而，在现能得到的为数不多的印度原始资料中，历史、神话和想像总是难分难离地结合在一起。

"印度人的人数比我们所了解到的其他任何一个民族都要多，所以他们交纳的贡物也超过了别的每一个民族。"古希腊历史学家希罗多德曾这样告诉我们，公元前480年，当泽尔士入侵希腊时，其军队里还有"身穿棉服、肩荷竹弓和铁头竹箭"的印度人。也许根据外国入侵和外国人留下的历史报道，我们可以掌握到有关印度早期历史的真实具体的资料。

孔雀帝国是印度历史上出现的第一个帝国，它标志着印度从宗教运动转向政治发展。

如果说在中国，是长期的帝国统一间隔短暂的分裂；那么在印度，则恰恰相反——是短暂的统一和长期的分裂。当然这并不是说印度就没有统一。印度也有统一，但这是文化的统一而不是政治的统一。印度文化强调的是忠于社会秩序而不是忠于国家，正如种姓等级制度的地位比任何政治制度都要高这一点所证明的。

当雅利安人迁居恒河流域的摩揭陀王国时，西北地区凭借同波斯文明的密切联系，日益与印度其他地区相分离。大约公元前518年时，大流士皇帝已越过兴都库什山脉，使旁遮普西部成为其帝国的第二十块辖地。波斯人的入侵，让印度河流域文明的历史再次成为一个不可解的迷雾，一直到二个世纪以后，也就是公元前327年亚历山大到来之时。

在当时的印度文献中，迄今未发现有任何提及亚历山大之处。而亚历山大的同伴们留下的有关印度的印象记，也全未存留下来，只有其中的部分见闻,通过后来的著作支离破碎地流传下来。这些东西描述了港口、买卖的商品、城市的外观、土著的服装以及诸如一夫多妻、种姓法规和死人火葬一类奇风异俗。虽然这是一些注重事实的报道,但在历史学家和地理学家的著作中则用讲故事的形式说出来,从而大大增加了这些离奇故事的趣味性,比如说什么有身高十英尺、肩宽六英尺的人,靠蒸汽维持生命的无嘴人,下铜球的雨,恒河里长三百英尺的蛇形鱼,等等。

亚历山大的入侵与其说是一次正式的侵略,不如说是一场袭击。他在印度仅驻扎了两年,而且在他去世不到十年的时间里,旁遮普的希腊政权就完全消失了。不过,他发动的战争确实对印度后来的发展有重大影响。亚历山大的陆海军在开辟或增加陆海商路方面所做出的贡献是较有实效的。从印度西北部经阿富汗和伊朗,然后通达小亚细亚和地中海东部诸港的商业贸易,在这个时候获得了迅速发展。而亚历山大在整个中东建立的希腊殖民地无疑也为这一贸易做出巨大贡献。

对印度历史来说,最重要的是亚历山大在印度西北部废除当地的几个王国和共和国、造成政治真空地带方面所起的作用。旃陀罗笈多·孔雀迅速填补这一真空,建立了以他名字命名的帝国——孔雀帝国。

亚历山大撤离三年后,也就是公元前322年,旃陀罗笈多还是一位野心勃勃的青年将领,他夺取了摩揭陀国难陀王朝的王位,建立了他自己的王朝。在以后几年里,他稳步地朝西北方向扩大自己的统治,直到他的帝国从恒河流域扩展到印度河流域,并跨越了包括这两条大河的三角洲地区。与此同时,他还组织了一支强大的军队和一个有效的政府来维持他的国土。作为亚历山大继承人之一的塞琉古当上中东的国王后,试图重新获得亚历山大统治过的印度地区,但是旃陀罗笈多毫不费力地便击退了这支希腊军队。

一年后,也就是公元前304年,塞琉古被迫媾和,把印度地区让与孔雀皇帝,并将一位希腊公主嫁给他。作为回报,塞琉古得到五百头象,他利用这些象,成功地击退了他在希腊化世界中的对手。塞琉古与孔雀皇帝之间的媾和，标志着孔雀帝国已作为当时的一大强国立足于世。

有一位名叫麦加斯梯尼的希腊使节，曾在孔雀王朝的首都华氏城住过好几年，他的观察报告虽然现在只能以第二手的形式得到，却是些很有价值的资料。从报告中，我们得知旃陀罗笈多的儿子频头沙罗（公元前298～前273年在位）似乎征服了德干，而他的孙子，著名的阿育王（公元前273～前232在位）则征服了羯陵伽，即印度东部。因而，在后者的统治下，孔雀帝国包括了除南端以外的整个印度半岛。

阿育王统治时的孔雀帝国可以算的上一个"美好的国家"：养护很好的公路上，成群的商人、士兵、王室信使和行乞的托钵僧往来不绝，车辆众多，这使正式的公路法成为必需；对东海岸羯陵伽的征服促进了贸易，一个海事部专门维护航道和港口；许多寺院的题词证实了向寺院捐款的商会和行会的富有和慷慨；首都华氏城被称为"花城"，以它的公园、公共建筑物、九英里多长的河边地和吸引国内外学生的教育制度而闻名于山。

但这同时又是一个高效率的、严厉的、官僚政治的社会。法律是严厉的，维持秩序的手段也是无情的。军队号称有七十万人，配备九千头大象，一万辆战车；精干的密探无处不在，通过信使和信鸽将一连串的报告送交首都；严酷的刑罚有十几种，常用作惩罚和逼供的手段。

阿育王的统治表明，传统型的帝国统治发生了根本而独特的变化。他在通过特别残忍的战争征服羯陵伽王国之后，内心经历了一番变化，他在刻于岩石上的第十三条敕令中这样写道：

十五万人作为俘虏被带走，十万人被杀死，许多倍于这个数字的人死去。……为诸神所爱的羯陵伽的征服者，现在感到很懊悔，感到深深的悲伤和悔恨，因为征服一个以前未被征服过的民族，包含着屠杀、死亡和放逐。……即使那些躲过灾难的人也由于他们始终热爱的朋友、熟人、同伴和亲属所遭到的不幸而极度痛苦。因之，所有的人都承受着不幸，而这，使国王的心情十分沉重。

从此以后，阿育王致力于促进和实现佛陀的教义。他渴望有一个

"安全、理智、所有人内心都很平静、温和"的未来。他仿效波斯的统治者，将自己的敕令刻在岩石、山洞和专门建造的柱子上。这些敕命与其说是正式法令，不如说是具有国家训诫的性质。它们的共同特点是，告诫人们发扬伟大的美德——朴素、同情、相互宽容和尊重各类生命。阿育王与首先考虑国家利益的考底和耶不同，他更关心的是人民。所以，他兴办了许多并不给国家带来直接利益的公共事业——医院和国家公费治疗，大路两旁的果园和休息场所，分配施舍物给各个教派，派佛教传教团去外国。

阿育王并不像现在某些人士所宣称的，是印度的君士坦丁。他没有使佛教成为国教，也没有迫害其他教派。相反，他对婆罗门和耆那教也予以慷慨的捐助，并帮助各教各派的杰出人士。这不是宗教上的变革，而是一种态度上的改变。他最强调的是宽容和非暴力主义，不仅因为这两者是道德上合乎需要的东西，而且因为它们会促进他那庞大且复杂的帝国日益和谐。这在阿育王统治期间证明是很成功的，因为他在民众的欢呼声中统治了长达41年的时间。但是，在他去世后的半个世纪里，他的王朝被推翻，他的帝国被消灭。

文化的统一和政治的统一有时是互相抵触的，印度文明往往在一个范围里增进了统一的文化，却又在另一范围里破坏了政治的统一。然而，这已成为到现代为止的印度历史的一个模式。

## 瞬间毁灭的印度古城之谜

考古学家始自1922年的发掘表明，约五千年前的印度河流域，曾有一座繁华的城市突然在瞬间被摧毁了，它的遗址被命名为"摩亨佐达罗"，这在印度语中即是"死亡谷地"的意思。但当代不少学者都以为不如称它"核死丘"更适宜些。

持续多年的发掘，使掩埋在厚厚土层下的史前文明古城废墟重见天日。在这里，考察人员找到了此地发生过多次猛烈爆炸的证据。爆炸中心一平方公里半径内所有建筑物都成了细细的粉末。距中心较远处，发现了许多人骨架。从骨架摆放的姿势可以看出，死亡的灾难是突然降临的，人们对此毫无察觉。这些骨骼中都奇怪地含有足以与广岛、长崎核袭击死难者相比的辐射线含量。不仅如此，研究者们还惊奇地发现：这座古城焚烧后的瓦砾场，看上去极像原子弹爆炸后的广岛和长崎，地面上还残留着遭受冲击波和核辐射的痕迹。

联系到古印度史诗《摩诃婆罗多》对五千年前史实的生动描述，后人对"核死丘"的遭遇也就可以领悟一二了：

"空中响起轰鸣，接着是一道闪电、南边天空一股火柱冲天而起，比太阳耀眼的火光把天割成两半……房屋、街道及一切生物，都被这突如其来的天火烧毁了……"

"这是一枚弹儿，却拥有整个宇宙的威力，一股赤热的烟雾与火焰，明亮如一千颗太阳；缓缓升起，光彩夺目……"

"可怕的灼热使动物倒毙，河水沸腾，鱼类等统统烫死；死亡者烧得如焚焦的树干，……毛发和指甲脱落了。盘旋的鸟儿在空中被灼死，食物受染中毒……"

难怪美国"原子弹之父"奥本海默认为这部印度古代叙事诗中记载的分明是史前人类遭受核袭击的情形。

考古学家在西亚伊拉克境内的幼发拉底河谷地也曾发现过类似南亚"核死丘"的遗迹。考古学家在这里一层层地挖下去，发现了约八千年的史前文明。在最底下的一层，挖出了类似熔合玻璃的东西。科学家最初并不知道这是什么东西，直到后来美国在内华达州核试爆场留下了与这种完全相同的熔合玻璃的遗物，而这种"核熔玻璃"，人们已在恒河上游、德肯原始森林里以及撒哈拉沙漠、蒙古戈壁滩等地陆续发现了好多。在这些地方都分布着一些焦地废墟。有的废墟大块大块的岩石被粘合在一起，表面凸凹不平，有的城墙被晶化，光滑似玻璃，连建筑物内的石

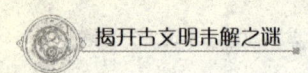

制家具表层也被熔化了。而造成岩石熔化需要达二千摄氏度左右的高温，自然界中的火山喷发或森林大火均不能产生达到这种高温的热能，唯有原子弹爆炸才能提供如此条件。

地球上这类史前"核死丘"的发现，究竟意味着什么呢？对此，科学家们争论不休

## 古印度哈拉巴文化之谜

印度的远古文明是在1922年才被发现的。由于它的遗址首先是在印度哈拉巴地区发掘出来的，所以通常称为"哈拉巴文化"。研究表明，它是公元前2500～前1700年间存在于印度北部的一支高度发展的古代文明，比吠陀文明早了约100年。从分布的范围看，属于这一文明成熟时期的遗址，北起喜马拉雅山南麓的萨雷·科拉和坚戈，南至濒临阿拉伯海的坎贝尔海湾附近的坎吉塔尔，东达今日印度首都新德里附近的阿拉姆吉普尔，西抵今巴基斯坦与伊朗交界地区的苏特卡根·杜尔，其覆盖地域达到数万平方公里以上，文明遗址达250多处，远远超过与这一文明同时存在的西亚地区的另一个文明——苏美尔文明的地域。

又由于这类遗址主要集中在印度河流域，所以也称为"印度河文明"。哈拉巴文化的年代为公元前2300～前1750年。

哈拉巴文化是古代印度青铜时代的文化，它代表了一种城市文明。从已经发掘的城市遗址来看，城市的规划和建筑具有相当高的水平：如摩亨佐·达罗城，面积达260公顷，全城划分为12个街区，有整齐宽阔的街道和良好的排水系统，有的住宅精美宽敞，开始迈入了文明的门槛。这一文明延续了几百年之后逐渐衰落，于公元前18世纪灭亡。哈拉巴文化衰落后，由印度西北方入侵的游牧民族雅利安人在印度创立了更为持久的文明。雅利安人于公元前2000年左右出现在印度西北部，逐渐向南

扩张。到了公元前6世纪初，相传在印度形成了16个国家。经过长时期的兼并战争，到公元前4世纪，在南部的恒河流域建立起以摩揭陀为中心的统一国家。

在这一时期，印度西北部的印度河流域遭到波斯帝国的入侵。波斯人统治印度河流域近两个世纪之久，直到公元前4世纪后期才一度被马其顿的亚历山大所征服。旃陀罗笈多领导了反马其顿起义，在驱逐了侵略者后统一了北印度，不久又推翻了摩揭陀国的难陀王朝，从而建立起古代印度最为强盛的孔雀王朝。

孔雀王朝在阿育王时代发展到全盛时期。他经过多年征战，使王朝版图扩展到除印度半岛最南端以外的整个南亚次大陆，即包括今天的印度、巴基斯坦和孟加拉国。这个庞大的帝国是依靠军事征服建立起来的。因此在阿育王死后不久便陷入分裂。公元前187年，孔雀王朝最后一个国王被推翻。此后，印度半岛再也没有统一过。

古代印度是人类文明的发源地之一，在文学，哲学和自然科学等方面对人类文明做出了独创性的贡献。在文学方面，创作了不朽的史诗《摩诃婆国多》和《罗摩衍那》。在哲学方面，创立了"因明学"，相当于今天的逻辑学。在自然科学方面，最杰出的贡献是发明了目前世界通用的计数法，创造了包括"0"在内的10个数字符号。所谓阿拉伯数字实际上起源于印度，只是通过阿拉伯人传播到西方而已。公元前6世纪，在古代印度还产生了佛教，后来先后传入中国、朝鲜、日本。

## 金字塔与秦皇陵的智慧之谜

同为四大文明古国之一，同样具有深厚的文化底蕴，古埃及的法老们选择了屹立于地面上宏伟金字塔作为自己灵魂的安息之地，而中国的历代皇帝则为自己建造了庞大的地下宫殿作为百年之后的永久归宿。

埃及的金字塔是古往今来地面上的最伟大的建筑之一，中国的皇帝陵则是凝聚人类智慧的地下最壮观的殿宇。金字塔表达了尼罗河文明的显赫与法老的张扬，皇帝陵代表了黄河文明的含蓄与帝王的深沉城府。金字塔内不知为何空空如也，皇帝陵中的宝藏却浩如烟海，面对同样的"灵魂升天"，"太阳神之子"真的如此洒脱，而"天子"们却又这般地放不下世事的奢华？

不同的文明造就了世界历史的多样性，而在不同文明的发展中有特性也必然存在着共性。今天，埃及对金字塔的发掘已经成了全世界目光的焦点，而中国最大的地下宫殿群——秦始皇陵却仍然是一个未解的谜团。在国内，很多考古学家认为，此次对金字塔的进一步了解对秦始皇陵将来的开启具有重要的借鉴意义。经过对秦陵的探测发现，经过2000多年的风雨的洗礼，秦始皇陵的地宫依然保存完好。秦始皇陵内的文物极为丰富，但根据现有条件，开启秦陵还为时过早。不但是秦陵，对其他帝王陵的探索同样也存在着这个问题，考古发掘不能一哄而上，打开一处古迹之前必须要考虑到其中某些无价的文物会不会因此遭到破坏，目前是否具备保护的手段等等，而今天金字塔的发掘就是条件成熟之后的产物。将先进的科学技术运用到考古工作中，利用现代手段破解前人留给我们的谜团，是在科学技术飞速发展的今天，保护和发掘古代文明的一种行之有效的手段。

## 金字塔之谜

当美国的宇宙飞船第一次飞入太空，宇航员们回首俯瞰我们赖以生存的地球的时候，首先进入他们视线的就是埃及的大金字塔。金字塔是历史的奇迹，也是人类的奇迹。数千年来令每一个见到它的人惊叹不已，感慨万千。然而对喜爱思考的人来说，惊叹之余还有更大的困惑：远古时代的人们如何建造这么庞大的建筑？金字塔的建造，似乎超越了史前人类所能掌握的科学技术。在金字塔那矗立了数千年的身影中，似乎包含着无数的秘密，吸引着历代的人们去提出疑问，进行探索……

## 一、数字之谜

金字塔的高大宏伟早已成为人们瞩目的对象，但准确地测量金字塔，却是19世纪以来的事。

金字塔（指胡夫金字塔即大金字塔）高147.6米，这个数字乘10亿，等于太阳到地球之间的距离。

金字塔的底部呈正方形，底边长227米，底边周长，是塔高的2.5倍，等于人所共知的圆周率π，即3.1416。

金字塔的朝向四面为正东、正南、正西、正北，基本方位误差不超过1/11度。

金字塔坐落的岩石地基经过精心测量，处于准确的水平状态。

穿过金字塔的子午线将地球上各大洲与大洋的面积分为平均的两半，误差不大于7‰。

金字塔内的法老墓室，其长、高、宽之比为5∶4∶3，正好符合毕达哥拉斯定理的公式。这个定理是由古希腊数学家毕达哥拉斯发现的，而毕达哥拉斯诞生时，金字塔已建好两千多年了。

这些数字，如果是偶然一次两次地出现，那我们可以毫不疑虑认为是巧合。但是如果这样频繁地、反复地、甚至是有意识地出现，那我们就不得不想到是出于某种安排，或事出有因了。或者说，金字塔的设计者不仅有着高深的数学造诣，而且似乎事先已完全掌握了有关地球和太阳系的天文基本知识。

那么在遥远的石器时代，人类没有发明阿拉伯数字，也不知道"0"的使用。那时，谁能具有这么高深的数学和天文学知识呢？

## 二、建造之谜

数字的问题还没有得到完美的解答，20世纪30年代以来，随着大批科学家和建筑师来到埃及，另一个更大的疑问又不禁涌现在人们心头：

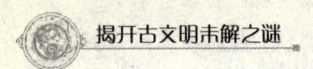

史前时代的埃及人究竟是怎样建造这座巨大建筑的?

据测算,大金字塔是由270万块巨石堆砌而成的。这些石块每块重2~12吨不等,塔身的石块之间没有任何水泥之类的粘着物。经历了4 500年的风风雨雨,其缝隙至今仍严密惊人,建筑技术令人大为惊叹,一根针或一根头发都难以插入。那时人类尚不会使用铁器,真不知道当时的埃及人是怎样加工这些巨型石块的,并且如此严密地结合在一起。

还有,金字塔不是简单的石块堆砌物,它内部有着精心设计、宛如迷宫般的隧道和墓室等房间。建造金字塔的人们是怎样挖掘这些隧道的?现在被称为"大长廊"的隧道位于大金字塔内部深处,全部用大理石砌成,墙壁琢磨光滑,地面铺镶整齐。但无论在这里还是在法老墓室中,都没有留下使用过火炬之类的痕迹,也没有任何被熏黑的顶和墙面。

最难以想像的是金字塔的工作量。据古希腊历史学家希罗多德记载,修建金字塔的工人为12万名,每三个月轮换一次。这样一年就需要48万人,除了工人,还要有大量的工程技术人员、大批的监工以及维护施工治安的军队。而这些人又都要有自己的家属、子女,还有大批的僧侣、祭司、官员和法老家族成员。这样算来,在金字塔工地的有关人员至少保持在几十万人,最多时间可达百万人,这些人不能凭空生存,他们还要吃饭。有人统计了一下,要想维持这些人所需要的粮食和其他生存需求,全国劳动人数须在其20倍上下,再加上家属和子女,全国总人口至少需达到5 000万人。但在公元前3000年时,全世界的总人口也只有2 000万左右,这又如何解释呢?让我们沿着"吃饭"的问题继续,1980年埃及人口在4 190万左右,粮食总产量440万吨,仅能自给。而古代埃及仅仅在尼罗河三角洲和河流两岸有较肥沃的农田,他们怎样生产养活5 000万人的粮食?这样的结果太令人不可思议了。

金字塔的采石场在施工地点90千米以外,古埃及人是如何把这些石块运来的?由于那时还没有马车,传统的看法认为是用滚木运输的。但滚木需要大树干,而在尼罗河畔生长较多的只有棕榈树。棕榈树干质地松软,不可能承担太重的物体,因此无法充当滚木。如从域外进口木材则需要一个庞大的船队，逆尼罗河而上，转运到开罗后用民车运到工地。且不说当时埃及人是否拥有庞大的船队，就是马车还要 900 年后才出现。

在金字塔是怎样建造的问题上，我们知道得还少得可怜，但是有一点可以肯定：金字塔是用一种我们现在还未知晓的技术建造的。没有一位建筑师能够仿造出大金字塔，即使他拥有各大洲所有的技术手段。

哪一位建筑师敢跟他叫这个板？至今还没有其人。

### 三、功能之谜

长期以来，人们一直认为，金字塔就是法老胡夫的陵墓，其证据是大金字塔的碑文和铭文上刻有胡夫的名字。可是据文献记载，公元 810 年，阿拉伯人统治埃及期间，年轻的阿拉伯王子阿布杜拉·艾尔马曼为了寻找传说藏在金字塔内的珍宝，带人来到金字塔前，竟无法找到大门。后来他们打破石壁，从北壁闯了进去，沿通道转变向上到达传说中的法老墓室。他们曾认为墓室是胡夫法老及其王后安息的地方，但进去之后却发现，那里不但没有宝藏，甚至法老和王后的遗骸也没有，两处墓室空空荡荡，四壁光滑，可是墓室封印完整无缺，表示此前还没有盗墓人闯进去。

艾尔马曼的发现使世人深感震惊。以前的论断似乎已经站不住脚了，既然金字塔没有尸骸，就无法证明它是法老陵墓。因此我们现在所说的法老墓室等，都不过是一种约定俗成的叫法，并没有可靠的依据，至于那两间空室究竟是做什么用的，谁也不知道，也无从知道。

由于这一发现，又引起了人们对金字塔功能的新揣测。有人认为金字塔是古代度量标准的记录器。有人说金字塔是古埃及人崇拜太阳神的宗教标志，有人说大金字塔和其他小金字塔都是古代的天文台。法国一些科学家用 X 光探测，认为金字塔中的空间可能占总体积的 17%，而现在已知的空间仅占总体积的 3%。有些人认为，这些尚未发现的空间内可能蕴藏着金字塔巨大的秘密。但人们虽费尽心机，至今仍未有新的结果。1952 年，人们在金字塔周围挖出一条雪松木船，有人认为这很可能是载送法老赴来世的太阳船。但即便如此，金字塔究竟是做什么用的这个基

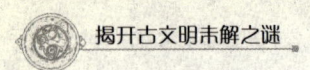

本问题却依然困扰着人们。而胡夫法老的遗体究竟埋藏在哪里,更没有人知道。

### 四、塔中之谜

小时候用积木搭起一座座"宫殿"的时候,你有没想过要把它搭成一座高达数百米的巨大建筑?如果让你用每块重达数十上百吨的巨石来搭建它,你又会怎么做呢?

在北非埃及的尼罗河畔散落着80多座金字塔,成为世界八大奇迹之一。胡夫金字塔是其中最高的一座,金字塔用巨石砌成,石块之间不用任何粘着物,而是由石块与石块相互叠积而成,人们甚至很难将一把锋利的刀片插入石块之间的缝隙,金字塔到现在已经历了近5 000年的风风雨雨,至今它仍傲视长空,巍峨壮观,令人赞叹!

那么,金字塔是怎样建造的呢?这一问题曾引起了许多学者研究的兴趣,但他们的说法不大一样。

一般认为是这样建造的:首先采石,工匠们把加工过的平整光滑的巨石用人或牛拉的木橇运往现场。由于木橇运行需一条平坦的道路,这就需要先修路,据估计仅这项工程就花去了将近10年的时间。可是,他们又是如何把一块块巨石一直垒到百米以上的高度呢?据传,工匠们先把地面一层砌好,然后堆起一个与第一层一样高的土坡,这样,就可以沿着土坡把石块拉上第二层。以此类推,等到塔建成后,再将土坡移走,让金字塔显露出来。在技术非常落后的古代,进行这样巨大的工程是异常艰苦的。这些金字塔的建成,充分显示出建造者已经掌握了相当丰富的物理学和数学知识,表现了古代埃及劳动人民的聪明才智。

对于埃及人建造金字塔的巨石是用天然石块加工而成,还是另有别的制法?有专家对此做了深入研究。法国化学家截维杜维斯认为,建造金字塔的巨石不是天然的石块,而是人工浇注而成的。为此,这位科学家进行了一些试验,他对从金字塔上取下的小石逐个加以化验,化验结果表明,这些石块是由人工浇注的贝壳石灰矿组成。他又据此推测,当时埃及工匠建造金字塔时,很有可能先把搅拌好的混凝土装进筐里,再抬上正在建造中的金字塔。另外，他还在石块中发现一缕大约有1英寸长的头发。这缕头发很可能就是古埃及人辛勤劳动的见证。他的这一见解吸引了世界学术文化界的广泛注意。

为了揭开披在金字塔身上的神秘的面纱，1978年3月，日本早稻田大学古代埃及调查室组织了一支考古实验队，采用模拟古代埃及人造塔的方法，在古塔的前面建造了一座新塔，其规模相当于原塔的1/4。首先是如何采石。实验队先在石面上凿出连成点线的小孔，然后打进木楔子，通过不断敲击直至产生裂缝。而且，至今在阿斯旺采石场上，还可找到残留有木楔子痕迹而未切割下来的石料。由此可见，这个办法可能与当年的方法相符合。石块又如何搬到现场呢？他们以木橇载着石块，用人力牵引，慢慢运至工地。最后，实验证实了古埃及人在没有现代化机械起重设备的条件下，仍然可以把一块块巨石砌上去，直至墓室最上一层的三角形尖顶。这个实验向人们揭示出古埃及人正是建造金字塔的真正主人。

作为法老陵墓的金字塔，不仅其建造方法令人称奇，更令人费解的是它的神秘力量。据说，这种神秘之力作用于人体或物体，会产生某种神奇的结果。那么这种力量是什么？又是从哪来的呢？有什么作用呢？目前世界上已有许多科学家对这些问题进行了探索。

法国人鲍比是最早发现金字塔具有神秘之力的。鲍比进入大金字塔里考察时，发现塔内温度十分高，但残留于塔内的生物遗体却并不腐烂变质，反而脱水变干，保存久远。鲍比据此推断塔内可能有某种不可思议的力量在起作用。

意大利的学者还发现如果人长时间在塔内逗留，会精神失调，意识模糊。为了证实这一点，有人在胡夫金字塔里睡了一宿，第二天早晨果然头脑发昏不能清醒过来，幸而被人救出。不少游客到塔内参观游览，时间一长，也有这种感觉。学者们认为这就是所谓神秘之力在发生作用，防腐和麻醉可能就是这种力量所带来的效应。

鲍比用薄木板裁成底边为1米的三角形，把4块三角形的薄板拼起来组成一个金字塔模型，然后把动物的内脏、加工过的肉和生鸡肉等放入模型内部，几天后拿出来一看，并未腐烂，依然新鲜。

鲍比的模型实验进一步引起了各国学者对此的兴趣，后来美国的研究人员又做了一项模型实验。他们把1 000克牛肉分成两份，每500克为一份，一份放在自制的金字塔模型之内，另一份放在模型之外进行对照实验。在同样的室温条件下，放在模型内的牛肉5天后完全脱水，变成了牛肉干。而放在模型外的牛肉，不到4天，就腐烂发臭了。

接着，日本的研究人员也做了几项对比实验。他们把同样的牛奶分装两杯，自制的金字塔模型之内放一杯，另一杯放在模型之外，经过50小时，模型内的那杯牛奶变得像奶酪一样干硬，但未变质，而在模型外的那杯牛奶已经变质了。

在临床医学方面是否适用金字塔力呢？对此，美国牙科医师派力司·盖费斯博士也做过一项实验，他把铝合金板块制成了72个小型金字塔模型，挂在自己诊疗所的天棚上，在这些模型下边给牙病患者做手术，效果比较显著，患者说疼痛比以前减轻，术后恢复也加快了。美国盖费斯博士把这研究成果写成学术报告，发表在《齿科学术》杂志上，指出可能是金字塔力的防腐保鲜效应对牙科手术的成功起了一定作用。

但是，尽管科学家们做了如此多的对比实验，也只能说他们对神秘之力的现象有了更多的了解。至于"金字塔之力"的形成原因，至今也没有人能做出科学合理的解释。

## 木乃伊真能转世吗

相传古埃及在很久很久以前，有一位本领超凡的法老，名叫奥西里斯。

奥西里斯教给人们种地、做面包、打井、酿酒、开矿的技能，使人们的生活水平大大提高，人们非常崇敬他，但奥西里斯的弟弟塞特对此十分妒忌，阴谋杀害哥哥，夺取王位。

某日，塞特请奥西里斯吃饭，找了很多人作陪。吃饭时，塞特指着一只漂亮的大箱子对大家说："谁能躺进箱子，这个箱子就送给谁。"奥西里斯在人们怂恿下躺进箱子一试，他完全没想到，自己刚一躺进箱子，箱子就被塞特关上，并加上大锁，扔进尼罗河里去了。

奥西里斯遇害之后，他的妻子四处奔波，终于找回他的遗体。塞特知道此事，又偷去奥西里斯的尸体，剁成十四块，分别扔在各处。奥西里斯的妻子又从各地找到了丈夫遗体的碎块，悄悄掩埋。

后来，奥西里斯的孩子长大成人，打败了塞特，为父亲报了仇，又把父亲的碎尸从各地挖出来，拼凑在一起，做成我们今天所见到的木乃伊。奥西里斯的遭遇感动了神，后来在神灵的帮助下，奥西里斯复活了。不过，他虽复活，但不能重返人世，而是留在阴间，做了阴间的法老，专门审判惩处坏人，保护好人。

这个传说的内容无非是为了表达惩恶扬善的主题，只是个神话而已。但埃及自上古时期就风行"木乃伊"葬俗，这倒是历史的真实。

据研究，受这个神话的启发，每一个法老死后，都要把奥西里斯的神话表演一番，首先举行寻尸仪式，随后举行洁身仪式，把死者遗体解剖开，把内脏和脑髓取出，然后将其浸入一种防腐液中，除掉油脂，泡掉表皮。待70天之后，再把尸体取出晾干，将各种香料填入体腔，外面涂上树胶，以防止尸体与空气接触，最后用布将尸体一层层裹扎起。这样，一具经久不腐的木乃伊就做成了。遗体安放之前，还要举行神秘而隆重的念咒仪式，为木乃伊开眼开鼻，把食物塞进它的嘴里。据说，这样它就能像活人一样呼吸、说话和吃饭了。最后举行安葬仪式，把木乃伊装入石棺，送入他永久的居住地——金字塔里。

如此处理尸体，未免显得过于残酷。如果不是认为这样可以防止尸体腐烂、待神灵降临之际，能够唤回死者灵魂与肉体的复活，古埃及人绝不会干这种蠢事的。

世界上许多民族都懂得尸体防腐术,这正是基于他们深信灵魂可以复活。那么,谁来使他们的遗体复苏呢?答案只有一个——神灵。然而,又是谁赋予他们这种超度死亡的转世观念?是古代某位法老突发奇想心血来潮的偶然现象,还是他们之中某位法老亲眼目睹神灵唤醒过某位死者而由此得到启发?

远古的事情的确难以料知。但在科技发达的今天,保存尸体和唤醒生命,不仅显得那么平常,而且所拥有可行的手段又是那么的多。低温冷冻可以保持生命的鲜活,并使之暂时进入一种休眠,细胞组织不仅可能复制生命,甚至还能源源生产。科技的发展的确令人咋舌,20世纪初低温冷冻仅仅是一种幻想,如今它已被广泛地运用到精液冷冻、血液保鲜、人体器官移植等许多领域,而细胞组培运用的领域更为宽泛,从植物种苗的栽培一直到畜牧业的品种更新方面。

低温冷冻人体生命正在成为现实。美国、苏联均已成功地冷冻并复苏了狗、鱼等生命。今天,细胞组培技术不仅成功运用在农林业和畜牧业上,给人类社会带来巨大的物质效益,而且在古生物和人体方面的试验,也日益接近突破的边界。

因此,当1963年美国俄克拉荷马大学的生物学家郑重宣布,故逝几千年裹于木乃伊之中的埃及公主美妮的皮肤细胞还有活力时,全世界都为之震惊。这也就是说运用现有的细胞组培技术,我们可以在不久的某天唤醒美妮公主。

因此看来,埃及法老们相信转世再生绝非荒诞不经的想法,只是我们对他们太缺乏了解。

因此,考古学家曾用激动不已、甚至战战兢兢的口吻告诉我们以下事实。

1954年,美国科学家在埃及萨卡拉地区,发现了一座从未被盗的坟墓,墓中的金银财宝依然完好,在黑暗中炽炽有辉。妆科尼姆教授带领考古人员,正式撬开滑动的、但不可拆卸的石棺盖时,他们惊讶地发现,棺内空无一物。

## 金字塔"监工的监工"之谜

埃及人似乎抱定了要将全世界的目光都吸引过去的决心,在距离胡夫金字塔不到1千米的东面的沙丘之上,一具不久前发现的迄今为止世界上最古老的石棺也将被开启。据考古学家分析,这具石棺已有4 500年的历史,刻在墓室门楣上的"监工中的监工"几个字证明了他的身份——这位沉睡了4 000多年的石棺主人就是当年建造胡夫金字塔时的工程行政长官。

发掘现场的种种迹象表明,这具石棺没有被盗掘过的痕迹。如果不出意外的话,一具古老的木乃伊将和它的众多随葬物品一同重见天日。在美国考古学家马克·莱内的指挥下,人们将动手开启石棺,将石棺内的秘密呈现于大庭广众之下。

## 法老灵魂发射台之谜

历史学家们一直对金字塔的来历问题争论不休。英国一名科学家提出了一个新的理论,认为金字塔可能是古埃及法老为了死后把自己发射到其他星球而修建的发射台。

维尔金森是英国剑桥大学专门研究古埃及历史的一位学者。他说他是在研究了金字塔的指向、形状以及命名等情况的基础上得出这一结论的。

维尔金森说,古埃及人认为天际附近的拱极星是最能象征来世的东西,因为肉眼看起来,它们永不停歇地围绕北极星转动。它们永不消逝,不可摧毁,是法老死后其灵魂最好的归宿。而研究结果表明,自金字塔出现以来,所有的金字塔都精确地指向北极星。维尔金森说,古埃及修建的第一座金字塔的圣坛朝北,通向其地下墓室的斜坡也建在北面。如果站在墓室里向上看这条进门斜坡,就会看到北面的天空。他推测,古埃及人认为从这里可以将法老的灵魂发射上北极星,让他们在那里继续自己的来生。而且,大量研究资料表明,很多金字塔的名字也与星星有关,其中有一个金字塔被命名为"闪烁",还有一个则直接就叫"星星金字塔"。而在金字塔出现很久以前的埃及王朝,有一个埃及国王曾自己修建了一个庞大的墓冢,起名叫"国王像星星一样冉冉升起"。

维尔金森还推断,金字塔的形状也是古埃及人按照心目中星星的形状建造的。据史料记载,埃及的第四个王朝时有一座名叫赫利普利斯的神院,里面供奉着一块石头,形状就像金字塔。它被称作"本本",而埃及人也把金字塔最顶端的那块石头称作"小本本"。维尔金森推测这块石头可能是远古时代的一个陨星,在进入大气层时形成方尖塔形状,埃及人把它当作天外神客供奉,并由此得到灵感,修建了金字塔。

## 孟菲斯及其墓地和金字塔

孟菲斯及其墓地和金字塔位于埃及东部的尼罗河西岸。孟菲斯,又有人称为美尼弗,其含义为"迷人住宅",在人类历史上已经存在了5 000年之久,是金字塔时代行政、宗教和军事中心。金字塔和墓地是集中体现古埃及建筑艺术与宗教的密切关系的建筑。其中金字塔陵墓内壁上刻有的大量反映古埃及人的游戏、战争、狩猎、田间以及工场劳作场面的浮雕,是了解和研究人类社会古代文明的无价之宝。1979年,孟菲斯及其墓地和金字塔被联合国教科文组织作为文化遗产列入《世界遗产名录》。

经过岁月的洗礼后,现在残存下来的只有一座拉美西斯三世的巨大石像、普塔神庙的废墟和一座阿庇斯圣牛庙了。

金字塔位于开罗西南约 1 万米,古埃及法老在此安葬。在古埃及,每个法老为了在来世能够成为神仙,于登基之初,就开始为自己修建陵墓。陵墓是用巨大的石块修筑而成的,之所以被称为"金字塔",是因为它呈方锥形,颇似汉字"金"字。

吉萨的金字塔有 3 座,其中规模最大、最高的一座是第四王朝法老胡夫的陵墓,它被列为世界古代七大奇迹之一。此陵墓修建于公元前 27 世纪左右,原来有 146.59 米高,历经几千年的风吹雨打,现在只有 138 米高了,塔底面积为 5.29 万平方米。修建之初四周底边各长 230 米,现在大约只有 220 米左右,斜面倾角为 51°52′,其四面与东、南、西、北四个方位正相对。修建这座大金字塔所用巨石达 230 万块,其中最大一块约重 16 吨,每块的平均重量在 2.5 吨左右。虽然石块之间没有用任何粘合物,但石块之间的接合之严密令人称奇。相传,修建这座巨人的陵墓动用了 30 多万人,花费了 30 年时间。

胡夫之子哈夫拉的金字塔和孟考拉金字塔是吉萨金字塔中的另外两座。哈夫拉金字塔稍小于胡夫金字塔,坐落在一块较高的台地上,基底 215.25 米见方,高 143.5 米。著名的狮身人面像与此塔紧挨着。因为它酷似希腊神话中的人面怪物斯芬克司,所以西方人又把它称为"斯芬克司"。狮身人面像高 20 米左右、长约 60 米,除狮爪外,整座像是用一整块巨石雕成的。

金字塔的进口隧道正对着北极星,在隧道内任何地点都可以看到北极星,这些都显示出了古埃及人的聪明才智和伟大的创造力以及当时埃及发达的科学技术。目前,埃及共有 70 多座金字塔。作为人类智慧结晶的孟菲斯及其墓地和金字塔,是古埃及人留给人类社会无法估量的一笔巨大财富。

# 底比斯古城及其墓地

底比斯古城及其墓地位于埃及尼罗河东岸，现代卢克索城便建立在底比斯的废墟之上。希腊大诗人荷马曾赞誉底比斯为"百门之城"。底比斯辉煌时代的突出特征是大兴土木、广建神庙，其中，以卡纳克神庙最为宏伟壮观。底比斯墓地即为王家陵墓，墓室内的画廊图案鲜明，色彩繁多。底比斯不仅以其辉煌壮丽的庙宇和陵墓成为人类建筑史上的瑰宝，更是这座古老都城的历史档案库。

在这里的庙宇与墓室中，随处可见反映当时社会政治与宗教关系、家庭与社会生活的雕刻与彩绘，这些艺术品为后人研究和考察古埃及文化以及当时的社会状况提供了丰富的史料。1979年，底比斯古城及其墓地被联合国教科文组织列入《世界遗产名录》。底比斯在公元前2040年~前1991年间，一直是埃及的首都。公元前1570年~前332年是底比斯的鼎盛时期，这里也因此成为帝国的中心。

底比斯古城的古迹有许多处。卡纳克神庙是其中之一，历经修复和扩建，埃及2 000年建筑艺术的精华全都汇聚于此。这座神庙是一处综合性的巨大建筑群，是专门用来供奉太阳神的。神庙全部用巨石建成，巍峨高大，凝重肃穆。它们面积约为60英亩，由17个部分组成，规模是世界上现存的庙宇中最大的。神庙的主殿宽53米、长102米，中心高度达23米。殿内16行、共134根粗大的圆柱支撑着巨大的石板屋顶，中心圆柱的直径为3.6米，有21米高。

在哈特切普苏特王后的阶梯式庙宇中，有世界闻名的希腊式柱廊和独具特色的岩雕，其中岩雕反映了王后出访红海最南端国家蓬特时的场面。

# 阿布辛拜勒至菲莱的努比亚遗址

阿布辛拜勒至菲莱的努比亚遗址，位于埃及的东南部。这一古代建筑群继承和体现了古埃及数千年宗教建筑艺术的特点，但是直到20世纪五六十年代，当努比亚古建筑群面对阿斯旺高坝破土动工的威胁，即将遭到永沉湖底的厄运时，人们才发现它的巨大价值。在联合国教科文组织的紧急呼吁下，从1960年起及其以后的20多年里，全世界的专家联合起来，共进行了40多次大规模的拯救努比亚古迹的活动。由24个国家的考古专家组成的实地考察团，经过周密测量、测定和计算后，该建筑群中的22座庙宇被拆散后完整转移，并在安全地带依其旧貌重建。联合国教科文组织于1979年决定：把阿布辛拜勒至菲莱的努比亚遗址划为文化遗产，并列入《世界遗产名录》。

在努比亚地区，阿布辛拜勒的大庙和王后寺庙是这里最雄伟的建筑。神庙在设计和建筑时，把当时最先进的地理、天文、数学等知识巧妙地吸收和运用了进来，创造了独特的"日出奇观"。整个寺院都是在尼罗河西岸的悬崖峭壁凿出的，长约37米、宽约33米、纵深61米。4尊拉美西斯二世的雕像位于正面，每一尊都有20米高。拉美西斯二世为他的皇后妮菲泰丽修建的庙宇——小阿布辛贝勒庙，离神庙不远。这座庙的规模略小点，它也是在悬崖上凿出的，庙里有许多妮菲泰丽的塑像。这些塑像美艳无比，非常逼真，虽历经3 000多年历史的洗礼，色彩依然非常鲜艳。

# 埃赫那顿之谜

当今人类熟悉的古埃及法老只有很少几位，但没有任何一位比埃赫那顿更有争议。在考古学家和历史学家当中，既有许多赞扬他的人，也有许多批判他的人。他究竟是个疯子还是一个梦想家？是一位圣徒还是一位暴君？他是继承了他祖先的帝国还是应该对它的衰败负有责任？

一些学者说他是一位开明的君主，另一些却将他贬为一个不值得一提的独裁者。每一次有关他的新发现只会使争议更加激烈。

埃赫那顿是阿蒙霍特普三世和他的元配蒂伊皇后所生的儿子，他诞生的时候正值新王朝处于鼎盛时期，那时埃及的势力范围远远超越了它的边界。

早在公元前1550年，王国的创始人莫斯把埃及从来自亚洲的入侵者手中解放了出来，从而开创了历经五百年的新王国基业。阿蒙霍特普四世即埃赫那顿的曾祖父建立了一个有着无与伦比的威望和权势的帝国。它的领地向南直达苏丹，向西越过西奈半岛延伸到了西亚地区。

为了纪念这些祖先，后来的王国君主把底比斯作为了他们祖先的发源地和宗教中心。他们尼罗河两岸建造起了巨大的庙宇，并把这些庙宇以西三英里的沙漠边缘的一片谷地作为了他们的皇家墓地。在这片墓地的围墙上布满了浮雕和绘画，上面描述的是他们自己以及伟大的祖先。

阿蒙霍特普四世登基的确切时间仍有争议，但很有可能是在公元前1353年。有些历史学家相信新法老可能与他父亲一道共同执政了几年。目前已经知道，那之前的法老中至少有过四次执政时间重叠的事，因此阿蒙霍特普三世和四世在某个时间很有可能同时在位。这也是埃及学家和考古界对那段时期争议最为激烈的问题之一。

不论这位新的国王即位时他的父亲是否在世，他在上任后第一天就迫不及待地开始了宗教改革。

与他祖先的做法背道而驰，他宣布只允许信奉宇宙间唯一的太阳神阿顿，对埃及其他主要神灵的信仰一概取消，他认为一切生命都是由阳光所赋予的。在他登基后的第五年，这位叛逆的法老宣布他将从此以后改名为埃赫那顿。这个名字的含义充分表明了他对新的神灵的崇拜。而且和他的父亲一样，他极力想恢复早期埃及国王至高无上的地位。

在《阿顿颂诗》当中，这位国王宣布阿顿是宇宙间唯一能作为大地与苍天沟通的媒介。书中写道："活着的阿顿，生命的源泉。……你创造了人类，虽然我们还不知道你是怎样造出来的。天地间唯一的主宰，你是独一无二的造物主。你创造出了大地所需的一切……你是我心中完美的主。世界上没有别人知道，是你挽救了你的儿子埃赫那顿，你让他拥有足够的才智来行使他的权力。"

为了向他心中的上帝表达崇敬，埃赫那顿在底比斯建立了阿顿的神庙，与巨大的阿蒙神庙相邻。这是一个半英里多长的建筑群，法老把这位神的形象表现为光辉普照的一轮红日。庙宇的院子里设有许多祭坛，这些神庙的四周墙上刻满了色彩鲜艳的埃赫那顿、奈费尔提蒂以及他们的女儿们的雕像，这样他们就能与上帝直接交流。太阳的光芒从上至下照耀着这些雕像，表示神的手伸向了这位帝王。

这下埃及的祭司们害怕了，按照古老的习俗，他们享有与贵族同样的地位和权利。在整个第十八王朝，他们掌管的阿蒙神庙控制着当地的经济生活。税赋和捐献源源不断地注入这些庙宇的资产中。这些上帝的粮仓装满了全国的余粮。阿蒙神庙的祭司把自己的商队派到外国，他们还控制着在家中做义工的劳动大军。但是法老是不能被公开违抗的，当法老推出一种新的节日来纪念阿顿时，还是会有不少僧侣参加这样的仪式。

奈费尔提蒂是埃赫那顿的妻子，在这个庙宇的废墟中有很多她的巨型雕像，她的名字和形象出现的次数几乎和国王一样多，可见她在祭拜仪式中占有十分重要的地位，奈费尔提蒂的女儿们也参与了对阿顿的崇拜，她的最年长的女儿梅丽塔顿是在她父亲即位后不久出生的。几年之后，记录梅丽塔顿的图像中又增加了两个女孩，可能是她的妹妹。人们不知道奈费尔提蒂与埃赫那顿的婚姻有没有生下儿子，但在描述他们家庭生活的雕刻图像中没有出现他们的儿子的画面。

有些研究这一时期的学者对于埃赫那顿是否能够成为父亲表示怀疑，因为从留给后世的雕像上看，埃赫那顿的形象很怪异，他有着圆圆的臀部和乳房，非常纤细的脖子，细长的双腿和松弛的腹部，看起来似乎雌雄同体，性别身份有些紊乱。

尽管埃赫那顿耗费了极大的精力进行宗教改革，他所倡导的信奉阿顿的主张并没有深入埃及人心中。在他死后不久，原先人们所崇拜的上帝和神灵又重新出现在他的继承人的庙宇和坟墓上，而且人们对他们的热情有增无减。作为对埃赫那顿不敬神灵的惩罚，后来的编年史作者把埃赫那顿从埃及国王的名单中删除掉，在论述到他当政的岁月时把那段时间称为"那个该诅咒的人"在位时或称"叛逆时代"。

19世纪20年代一个英国旅行家约翰·加德纳·威尔金森，因为很喜欢这个地方温暖的气候，先后于1824年和1826年两次来到埃及，无意中发现了埃赫那顿家族的墓地遗址，里面布满描绘埃赫那顿和妻子、女儿家庭生活场景的浮雕，他还复制了一些墓地里的雕刻作品带回去，但当时人们还无法读懂雕刻上的文字。

1943年和1945年，古埃及文字的研究已经有很大的进展了，德国考古学家卡尔·理查德·莱普修斯带领了一支考察队来到这里，他是最早发现底比斯塔拉塔特的专家之一。经过了十二天马拉松式的复制工作，这支考察队收集到了足以登上这一时代考古研究最高峰的第一手材料。他们发现在这片荒凉的平原下，掩藏着一个古老的城市，里面有宫殿、庙宇、民居和作坊的废墟，是埃赫那顿为了阿顿而建造的一个新的皇家都城和宗教中心，取名为阿赫塔顿，意思是"阿顿的地平线"。这为埃赫那顿遗址的发现提供了重要的线索。

真正有组织的发掘埃赫那顿遗址的工作一直到了19世纪末期才开

始,但这位帝王所留下的东西很明显已遭到了人为的破坏,这给发掘工作带来了困难。

在那样一个崇尚永恒的时代里,埃赫那顿是一切罪恶的象征,人们试图忘却他的存在,但那段历史还是被揭开了。

## 帝王谷之谜

在埃及远离底比斯的地方,有一个荒凉山谷——帝王谷,那里酷热、干燥、几乎没有生命存在,但是对考古学家们却有着极大的诱惑力。因为有二十八个曾经有着无上权力的法老安眠在那深深凿进岩石中的墓穴中,与他们一起埋葬的还有财富和神秘。这个山谷一直用来安放法老的遗骨,是法老们的再生之地。

神秘的帝王谷由何而来?它为历史留下的是死亡还是人类生存过的痕迹?

埃及国王托特米斯一世(前1545~前1515)给埃及带来了巨大的变化,它标志着帝王谷的建筑活动时期的开始。托特米斯一世是埃及王朝统治时期的有决定性影响的人物。埃及的文化发展演变为文明的发展,从而打破了许多旧时的传统,这个演变也自托特米斯一世始——当然,这一点还有待最后的证明,而想要证明这一点单靠考古学是不够的。

古埃及新时期的首都在底比斯,但新时期大多数法老都埋葬在尼罗河西岸沙漠中的帝王谷。迄今为止,那儿已有六十多个陵墓被发掘出来,只有一小部分对游客开放。其中最负盛名的是图特卡蒙之墓,在1923年开放时曾引起轰动。在那儿发现了最为惊人的文物——一口纯金棺、金色王冠和面罩、珠宝、雕像、双规战车、武器、饰物、绘图——数量之多以至于花了三年时间才把墓穴清理完毕。这个公元前1352年去世时只有十八岁的年轻法老,依然躺在墓中的大理石棺里,但是几乎所有的珍

宝都在开罗的埃及博物馆里。

没人知道在盗墓者未涉足前，地位更高的统治者墓穴里究竟有些什么惊人的财富。今日这些墓穴里的壁画特别能引起人们的兴趣，它包括"死者之书"上描绘的死后生活的情景，以及动物头像的多个神灵。拉美西斯三世的陵墓内有古埃及日常生活的愉快场面。

不管怎样，托特米斯把自己的陵墓同殡葬礼堂分开，这在埃及国王中还是没有先例的。他的墓地距离礼堂将近一英里；而且按照遗命，他的遗体没有安放在豪华而醒目的金字塔中，而是藏在峭壁上凿出的洞室里。这在现代人们听来也许无足轻重，但在当时做出这样的决定，实际上就是同延续了一千七百年的传统宣告决裂。

托特米斯这种大胆的措施对他的"卡"极为不利，甚至也给自己死后的永生带来威胁。原来"卡"要靠在死者的殡葬礼堂里按照宗教节日举行祭祀才能生存，并且据说"卡"是不离开遗体左右的，而托特米斯的遗体和以往的国王不同，不是安放在紧靠礼堂的地方。其原因是，托特米斯看到先人的陵寝大都不免遭受盗墓人的侵害，因此希望自己的遗体能得到安全的保障，借以弥补上述的遗憾。托特米斯给总建筑师依南尼下达的一切指令，都是出于担心自己的陵寝遭到后世的亵渎。

尽管当时埃及的宗教势力已经日趋没落并逐渐为世俗观念所代替（第二十一朝的国王本人就是教士，在这以前教士的势力一直在埃及日渐增长），但托特米斯在思想上最为关心的仍旧是他死后的木乃伊会不会遭到破坏。到第十八朝末为止，底比斯一带的帝王陵墓没有一座免于被盗，木乃伊身上的"神铠"不是完全剥光，就是部分损失，使得这些遗骨遭到了万劫不复的玷辱。

可盗墓人照例是从来未曾被人抓到过，作案中途发现情况，丢下赃物仓皇逃遁者是有的。托特米斯在位之前五百年，有人潜入泽尔王妻子的墓室，正在肢解王后的木乃伊时被人惊走，仓促中把一条干尸的手臂藏在墓室的一个洞里。这支手臂在 1900 年被一位英国考古学家发现时，仍旧包裹得完整无损，上面还戴着一只贵重的紫水晶和绿松石的臂镯。

托特米斯的总建筑师名叫依南尼，国王和他讨论的内容是完全可以想见的。在最后决定打破传统时，托特米斯一定考虑到了陵墓的地点和结构的绝对保密问题。否则无法保证免遭以往帝王陵寝的同样命运。

具体施工的记载得以保存下来，倒是要感谢建筑师依南尼的虚荣心了。因为依南尼本人的殡葬礼堂的墙壁上的镌文详述了他的生平，其中有一段叙述了这第一座岩洞陵墓的构筑经过，其中有几句是值得注意的："国王陛下的岩洞陵寝是我一个人监修的，谁都没有见过，谁都没有听说过。"

然而现代考古学家霍华德·卡特却对依南尼使用的工人数目有所估计。卡特是对帝王谷和那里的陵墓结构极有研究的，他写道："知道国王的这件头等机密的工人有一百名以上，这些人显然是不可能逍遥自在的。依南尼肯定会想出有效的办法封住他们的口。"据估计，这些工人大多是战俘，工程结束以后他们就被统统杀掉了。

托特米斯打破传统的做法有没有达到目的呢？

他的墓是帝王谷中许多岩穴墓葬中最早的一座。帝王谷位于底比斯山西麓峭壁下，地点偏僻，常人禁止入内。在那石灰岩壁上开凿一条坡度很陡的隧道作为墓穴，从此以后五百年间，法老的建筑师们都是沿用这种方式构筑岩穴陵墓的。后来希腊人看到那通往墓室的长长的隧道，觉得很像牧童吹的长笛，就把这种岩穴陵墓叫做"笛穴"。公元前1世纪的希腊旅行家斯特拉波记述过四十座岩穴陵墓，被认为是值得一读的。

从托特米斯一世开始，埃及法老们便不再修造金字塔作为自己的陵墓。在长约五百年的时期，古埃及各代法老都葬于帝王谷。

托特米斯的遗体在那里平安地躺了多久不得而知，但可以确定，在悠久的埃及历史中这段时间并不很长。他和他的女儿以及另外几个人的木乃伊终于被人迁了出来，这件事并不是盗墓人干的，而是教士们预防盗墓的措施。国王们选定的墓穴位置是彼此靠近的，不像过去那样分散，这是为了便于集中守护，然而盗墓的事仍旧不断发生。

图特卡蒙死后十至十五年陵墓就被盗了。托特米斯四世死去刚刚几年，窃贼们就在他的墓室的墙上划了他们的黑话，像是来访者留下了名片。这座墓遭受的损失极为惨重，因此一百年后，虔信宗教的国王霍仑亥布于在位八年时下令给名叫克伊的一名官员，命他"在底比斯西部高贵的墓园，尊礼重新安葬托特米斯四世"。

## 埃及塔特王墓之谜

古埃及给我们留下了太多的奇迹和不解之谜。有人说古埃及的文明不仅仅是排列在尼罗河畔大大小小的金字塔，在它的每一寸土地每一粒黄沙下，说不定就沉睡一处文明的碎片或是比胡夫金字塔还要壮观的古迹。

对于古埃及遗留下来的文明，有的一直被口头流传下来，有的在历史的洪荒中被吞噬，有的依然矗立在这片土地上向后人证明着古埃及的伟大。可是它们没有躲过后人的野蛮掠夺。以金字塔为主的王室陵墓几乎全部被盗过。而埋藏在地下的相对安全了许多，它们虽然躲过了盗墓者贪婪的目光，却给考古学家们带来了巨大的困难。考古学家们只能依据民间口头流传的传说和档案馆残存的记载，一路探寻下去。

古埃及是世界四大文明古国之一，有着灿烂的历史和辉煌的文化。传说 3 500 年前，有一位叫塔坦卡曼的国王，死后破例埋葬在了沙岩绝壁之间。人们一度曾对塔坦卡曼王的陵墓众说纷纭。塔坦卡曼王民间一般称其为塔特王，据有限的历史资料记载，他在位时间很短。历史学家们推测，他死于 16~19 岁之间。他可能是死于事故或疾病，但很多人认为，有人想早点儿结束他的统治，因为在那一时期，王室之间的争斗异常激烈。按当时风俗，国王在位时都要大兴土木为自己修建陵墓，供死后安葬，而塔特王的意外死亡意味着古埃及人来不及为他建造庞大而华丽的法老陵墓，这也是他埋葬在地下一直完整保存下来的主要原因。

1917 年，著名的英国考古学家霍华德·卡特开始根据口头流传的大致方位，寻找塔特王的陵墓。该区域隐藏在一个山谷中，被称为国王之谷，那里到处都是盗墓者留下的挖掘痕迹。卡特此举引起一片哗然，大家都认为他疯了，因为国王之谷已被考察过无数遍了。但卡特相信，如果有人真正走到底，进行系统的挖掘，就会有了不起的发现。

**坟墓入口重见天日**

在沙砾和杂草中实施挖掘，是一项枯燥而漫长的工作。开始时卡特组织了一个挖掘小组，随着时间的推移，这些人渐渐对卡特失去了信心，纷纷离开了他。但是卡特并没有放弃，他和少数几个助手依然坚持不懈地挖掘着。在挖掘过程中，每一锹下去可能都是新发现，每一个文明的碎片都有可能是通向坟墓入口的路标，因此他们对每一处土质都要精心辨认，做到把失误减少到最低限度。渴了他们就喝两口随身携带的水，饿了就吃准备好的干粮，天黑了就撑起帐篷夜宿在挖掘现场，就这样他们一直持续了5年。

1922年11月5日，一大早太阳就分外刺眼，中午的阳光烤热了每一颗沙粒。国王之谷像一个大蒸笼，热得人喘不过气来。由于长时间没有降雨，空气干燥得似乎要一点即着，卡特和他的助手们依旧坚守在挖掘现场。远远望去，国王之谷里升腾着一股尘烟。

"卡特先生，我们休息一下再干吧。"年轻的福兰迪手搭凉棚抬头向远处望了望说。他头发蓬乱，脸上堆积着灰尘。

卡特收起放大镜，从坑里直起身了，用手弹了弹身上的尘土："这鬼天气，简直存心与我们作对。好吧，休息休息，喝口水接着再干。"

"伙计们，都过来休息一下吧。"福兰迪站在一个小土堆上大喊，"天气太热，小心中暑了，都放下你们手中的工具吧。"人们三三两两向一个临时帐篷走去。

"嗨，就差你一个了，你没事吧，我亲爱的朋友！"福兰迪双手拢在嘴边大声地喊着。远处土坑里有个人频频向这边摆手示意不休息。

帐篷内，人们躲过紫外线的辐射，聊着漫无边际的话题，没有谁去注意那个继续挖掘的人。这时那个继续挖掘的人突然从坑里跳出来，对着帐篷这边兴奋地大喊："卡特先生,你过来一下,我可能找到坟墓的入口了。"他这一喊,无疑像大漠中突降的暴雨,所有休息的人都从帐篷里冲了出来。

卡特根据石板上的文字,确认这就是坟墓的入口。大伙儿这时一下子精神倍增,很快掀开石板,马上一股凉气扑面袭来。

**不能以金钱衡量的稀世珍宝**

在挖掘工作有了突破性的进展后,他们继续往下挖,直到墓室大门。墓室的大门被打开后,卡特第一眼看到墓室里到处闪闪发光,到处都是闪烁的金子。看到这些珍贵的遗产时,他马上明白了,他成了当时埃及考古学上最伟大的发现者。

清理工作开始了,卡特必须仔细检查陵墓的每一寸地方,他还指挥手下人对出土的每一件文物做详细的记录,包括当初摆放的位置。塔特王向后人贡献了一大批珠宝,它们的价值已经不能用金钱来衡量,其中还有许多闻所未闻的稀世珍宝,为研究古埃及提供了重要的依据。

后来这批文物被送到埃及开罗博物馆展览,一时轰动了整个世界,整个世界都被那绚烂的光彩所震慑。

## 阿布米那的基督教遗址

阿布米那的基督教遗址,坐落于埃及亚历山大城西南的马里尤特沙漠中。公元3世纪,这里曾经是埃及殉教者水神圣·美纳斯的墓地,此地因此成为埃及最初的基督教徒朝拜的一处圣地。公元395~450年,在阿卡丢和狄奥多斯二世当政期间,为满足日益增多的基督教信徒的需要,修建了一座规模宏大的新教堂,阿布米那圣地达到其历史上最辉煌的时期。在此后的阿拉伯人和法米特统治埃及的时代,圣地逐渐无人问津。1905年,该遗址的挖掘工作开始进行,圣城遗址重见天日。1979年,阿布米那的基督教遗址被联合国教科文组织作为文化遗产列入《世界遗产名录》。

阿布米那的中部是大教堂，与大教堂相呼应的是一座八角形圣洗堂，它们的前面是中庭；信徒居室、修道院、浴室和工场位于主体建筑的后部；在北面和东面，各有一座教堂耸立着。建筑物主体用小石块建成，建筑物的柱子和祭台的内壁都是用大理石砌成的，每块大理石都雕有精美的图案。大理石石料取自亚历山大采石场。

阿布米那遗址是亚历山大时代留下来的唯一历史古迹，而亚历山大城则是古代埃及的文化艺术中心，其重大价值不言而喻。它既是拜占廷艺术和埃及法老时代传统文化在建筑上的反映，也是研究基督教文化的珍贵历史资料。

## 美洲金字塔与埃及金字塔有没有关系

埃及尼罗河畔，矗立着大大小小几十座金字塔；无独有偶，在美洲，无论是尤卡坦盆地的密林中，还是安第斯山地区的平原上，也可以见到金字塔的雄姿。美洲金字塔有的已有几千年历史，有的是在西班牙殖民者入侵前不久才完工的。其中，墨西哥特奥蒂瓦坎的太阳金字塔高64米，底边宽约2 200米，规模之宏大，可与埃及最大金字塔"胡夫金字塔"匹比。同埃及金字塔一样，美洲金字塔留下了许多不解之谜，例如建造的年代，施工的方法，当时的用途，等等。但是，最重要并引起人们最大兴趣的是，美洲金字塔和埃及金字塔有无联系？也就是说，美洲金字塔是美洲土著文化独立发展（或平行发展）的结果，还是旧大陆文化影响的产物？对于这个问题，学术界存在着两种完全对立的意见。

一种意见认为，美洲金字塔是埃及金字塔的翻版，美洲文化深受旧大陆文化影响。理由如下。

1. 美洲金字塔同埃及金字塔相似。在外形上，美洲金字塔虽然同埃及有所差异，如：不是四棱锥形而是四棱台形，台上建有神庙，庙中供着神像，而且塔身分成若干级，正面还有台阶，可以一级级走到塔顶上，但都是具有相似的有规则的几何形状的巨石建筑。在用途上，美洲金字塔虽然大都是神庙台基，但也有当作墓穴的。1958年，考古工作者在墨西哥的帕伦克一个称作"铭记神庙"的金字塔内部的深处，发现了高7米、宽4米、深9米的墓室，石棺上盖有一块精雕细刻的大石板，棺内尸体头部盖着玉制的面具，并且同埃及的一样，墓中也有玉制饰品等随葬物品。2. 还有其他一些可以证明新旧大陆文化联系的例子，如中国商朝和墨西哥的奥尔梅克、秘鲁的查比因文明都崇拜美洲虎神，虎神的造型和风格均极为相似。3. 现在水上运动的实践表明：即使在几千年前，人们也有横渡大洋而偶获成功的可能。4. 存在某些可以说明新旧大陆居民有过往来的迹象。

因此，一些专家认为美洲金字塔的概念是由古代横渡大洋的航海家带去的。伊凡·范琶提玛在《哥伦布以前到来的人们》一书中认为，埃及人曾在公元前800～前80年间同美洲人有过接触，美洲金字塔就是在埃及人到达美洲后出现的。乔治·卡特则在《碑铭社会》中指出：美洲印第安人渗透了旧世界的影响……横越大洋进行传播确实存在过。这对于美洲文明的发展极其重要。

另一种意见认为：美洲古代文明是独立发展或是平行发展而成的。美洲金字塔不是洲际文化联系的结果。持这种意见的学者指出，根据放射性碳年代测定和通过数百次实地考察所收集的出土器物来看，可以相信美洲最早居民是在二万至三万年前经白令海峡（当时为地峡），从亚洲东北部进入美洲的，随身所带的只是极为简单的工具和武器。史前美洲印第安人就在这贫乏的文化遗产基础上，从人类文化的最低点起步。美洲土著居民经过长期的发展，终于创造出颇具特色的光辉灿烂的文化。为了说明美洲金字塔以至美洲文化是美洲人独立发展的结果，专家们提出以下三点理由。

1. 虽然在几千年前人们利用当时的条件偶尔也可以横渡大洋，但是至今尚未有令人信服的材料能够证明新旧大陆居民在埃及金字塔出现以后和美洲金字塔出现以前曾有往来。2. 美洲金字塔和埃及金字塔的不同之处显而易见。美洲的阶梯形金字塔是印第安人举行宗教仪式的地方，其主要部分是平台上的神庙。考古学家在庙坛中发现了多种祭祀用品。庙坛里雕刻的石碑和神像都证明美洲金字塔是神权中心。像帕伦克神庙那样同时具备墓室功用的金字塔在美洲是罕见的。其他许多美洲金字塔墓室都是以后从外面挖入，并非一开始就用作墓穴，某些作者评价帕伦克金字塔时所用的那种以个别代替一般的方法并不可取。3. 作为外形多少有些相似的巨石建筑出现在新旧大陆不足为怪。从建筑学的眼光看，把宏伟的单个建筑物建成金字塔形最稳固，其重心只及高度的四分之一至三分之一。此外，古代社会中宗教占据显要地位。金字塔，无论是作为法老陵墓的埃及金字塔，还是主要作为神庙的美洲金字塔，是一种体现稳固性和永恒性的建筑，都带有浓厚的宗教色彩。金字塔的建造反映了宗教在历史上的重要地位。

两种意见，孰是孰非，远无定论。所以，专家们在研究的同时还认为，在解开美洲金字塔之谜之前，还需要大量收集材料，而且许多材料的真正含义可能要在很长时间以后才会清楚。

## 神秘莫测的亚历山大陵墓

亚历山大大帝（公元前356～前323）是古代马其顿国王腓力二世的儿子。他于公元前336年即位后，大举侵略东方。在短短的10余年里，东征西伐建立起东至印度河、西至圣尼罗河与巴尔干半岛，版图广阔的亚历山大帝国。亚历山大曾是一位赫赫有名的英雄，但同时又是一位神秘人物。有关他的传说不可胜数。但遗憾的是，关于他生平的一些历史记载却没有留传下来，而后来的一些传抄本及书籍又众说纷纭，矛盾重重，而且带有极浓重的传奇色彩和个人色彩。因此，他死后2 300多年的今天，这位古代伟大统帅的业绩仍令人们十分关注，迫切希望发现他的帝王陵墓，以求从出土文物中获得一些有价值的历史证据，来评价这位傲视一世的英雄。

1964年的一天，埃及亚历山大市的报纸发表了一则耸人听闻的消息："马其顿国王亚历山大的陵墓找到了！波兰考古家们的巨大成就！"消息很快传遍了全世界。美国《纽约时报》立刻刊登并给波兰考古队发了一个电报，希望就这一伟大的发现写篇文章，并给予优厚的稿酬。各国记者也争先恐后地飞抵埃及。同时，大批旅游者的涌进也使得埃及警方不得不处于戒备状态。

可惜，消息是假的。原来发现的并不是亚历山大的陵墓，而是古罗马时期的一座剧院的遗址。那么这位著名历史人物的陵墓究竟在哪里呢？他又是怎么死的呢？关于这个谜众说纷纭。

亚历山大的死因历来有两种传说。一种是说他远征印度时在距离巴比伦不远的地方，迎面碰上的一些精通天文和占卜的祭司，劝告他不要去巴比伦，否则凶多吉少。虽然他没有停上前进，但此后却变得心情阴郁烦闷不已。

一次，他驾驶着战舰在湖泊上游逛。突然刮来一阵风，把他的帽子吹走，掉在芦苇丛中，正好落在古亚述国王的墓上。所有的随从以及亚历山大本人都认为这是很不吉利的事。派去追赶帽子的水手，在泅水回来时，竟大胆地把它戴在自己头上，这就更加强了不祥之感。亚历山大勃然大怒，当即把这个水手杀了。不久，亚历山大身患重病，13天后，终于在公元前323年6月的一个傍晚逝世。他当了12年零8个月的国王，死时才32岁。

这些琐事，看来只不过是一种巧合罢了。其实，亚历山大大帝的死很可能是由于行军艰辛，加之经过多次作战，弄得遍体伤痕，在沼泽地里又感染上了疟疾等原因造成的。

另有一个传说：亚历山大之死是因为在宴会上有人往他的酒杯里下

毒药。如果这个传说是真的，那么亚历山大是死于阴谋，而不是自然死亡。

亚历山大死后，他的部下托勒密将军（后来成为埃及王）用灵车把他的遗体运往埃及，安葬在亚历山大城，并为他建造了一座富丽堂皇的陵墓。

凯撒大帝、卡拉卡尔皇帝、奥古斯皇帝等历史上的著名人物都曾到此陵墓朝拜过，还在亚历山大的塑像头上加了一顶金冠。可是到了公元4世纪，有关陵墓之事，不知为什么无声无息了。公元642年，阿拉伯大军攻占了亚历山大城，这里的辉煌历史陈迹使他们感叹不已异常兴奋。1798年，法兰西拿破仑的军队进入亚历山大城时，这里已呈衰落景象，城中只有7000居民了，跟随拿破仑的一些学者只看见不少古建筑的废墟。19世纪初，这里开始修建海港，古老的建筑遗址成了采石场，有许多遗迹被深埋入地下遭到了破坏。亚历山大城很快成为地中海上一个重要的贸易中心，可历史陈迹却荡然无存了，慢慢从人们的眼中消失了。

按古希腊的习俗，创建城市的国王，在他死后一般都要埋葬在城市中心。因而有的考古学家分析认为，陵墓应在两条街道的交叉点上。

近年来，波兰考古学家玛丽亚对当地出土的古陵灯进行了一番研究后发现，古人在制作灯时，在上边绘制了古代亚历山大城的模型，因此她对其位置做了一个有趣而大胆的推测。她认为在模型中，有一个圆锥形的建筑物可能就是亚历山大大帝的陵墓。这因为奥古斯丁皇帝的陵墓是尖顶圆锥形建筑，这种墓形很可能就是在仿造亚历山大陵墓。

英国人维斯曾对托勒密王朝的墓地进行过分析研究，他们认为这些墓应当同亚历山大陵墓相像。他想像亚历山大的棺木是安放在一座宏伟的庙宇里，周围是一些圆柱，墓里一定放有许多稀奇精美之物，墓内还可能保存着从埃及各处庙宇送来的经书及有关历史记载。20世纪末，一个惊人的大发现大体上证实了这些猜想。专门研究古代马其顿历史的考古学家安得罗尼克斯发现了亚历山大的父亲——腓力二世的陵墓。

大殿中央停放着高大的大理石石椁，上面有宝石，沉重的金质瓶状墓饰。国王的遗骨就安放在其中，周围是一些珠宝金器、战盔、王权标志等物，闪耀着璀璨的光芒，吸引着每一位到访者，其中有五个用象牙雕刻的雕像，制作得相当精美，特别引人注目。这五个雕像是国王的一家：腓力二世本人、他的妻子、儿子亚历山大和腓力二世的父母。这个发现在考古界引起了巨大的轰动，被认为是本世纪考古中最伟大的发现。

惊喜之余，人们不禁要问：腓力二世国王的陵墓尚能找到，难道他儿子的陵墓就不能寻觅，悄然失踪了吗？但事实毕竟是事实，亚历山大陵墓的确神秘莫测，令人难以捉摸。

谁能解开这个陵墓之谜？人们耐心地期待着。如果一旦解开，很可能会发掘出当时许多民族的文人艺术珍品以及大量的历史资料，这对考古学将是一个多么巨大的贡献呀！这也是对人类文明做出的巨大贡献。

## 埃罗拉石窟群

印度著名古迹埃罗拉石窟群，位于马哈拉特拉邦奥兰加巴德市西北约30千米处。这是一组能同时体现印度佛教、印度教和耆那教三种宗教文化的石窟群，代表了宗教发展的高超水平。1983年，联合国教科文组织把埃罗拉石窟群列入《世界遗产名录》。

埃罗拉石窟群共包括34座石窟，皆是循山脊雕凿而成的。这些建于公元4世纪中叶至11世纪的石窟群从南至北前后绵亘1.5千米。

这些石窟于公元4~11世纪分三期开凿：前期主要是12座佛教洞窟，中期为17座印度教石窟，后期为5座耆那教石窟。

佛教石窟中最著名的是十号窟，名为"木匠草舍"。中心圣殿的两壁雕出高约4米的石柱，柱顶横梁上刻有两层人物石雕。石窟模仿木结构建造了极为高大的圆筒形天顶，窟内有一座舍利佛塔，塔高约8米、直径约4米；在塔的四周则雕刻着难以计数的脚踏莲花的佛像。

印度教石窟中以第十六窟最为壮观，该窟建于18世纪，也称凯拉萨神庙，长50米、宽33米、高30米，描绘的是湿婆同十胜魔王斗法的情节。窟内的大门、亭榭、庭院、礼堂、前庭、圣所、尖塔等建筑皆由一块巨石凿成，整个工程耗时一百多年。

耆那教石窟内有许多长发垂肩、神态庄重的裸体立像，那是耆那教苦修不渝、质朴无华的信条的象征。

埃罗拉石窟群将佛教、印度教和耆那教石窟艺术融为一体，凝结了三者的艺术精华，是印度古代石窟艺术的精品。

# 阿格拉古堡

阿格拉古堡位于印度北方邦，距首都新德里以南约200千米。由于其建筑材料全部采用当地出产的红砂石，从而使整个城堡呈现出一片赤红色，故它又被人们称为"红堡"。这是一座历史悠久的古堡，里面保存着许多与以前的皇朝有关的建筑和其他遗迹。1983年，联合国教科文组织将阿格拉古堡作为文化遗产列入《世界遗产名录》。

古堡是由当时的莫卧儿王朝阿克巴大帝于1564~1575年兴建的。城堡形似一高耸的要塞，四周围绕着雄伟的双层红色砂石城墙。高约70英尺的城墙将城堡围在方圆一英里半的范围内。

城堡里有宫殿、集市、居民区和大清真寺等多种建筑，城门有西、南两座，与集市相通的德里门是西门。由陡坡往上行，即到了一道里门，即象门。象门两边有饰以凸形图案的八角堡楼。

正面左右对称的贾汗季宫殿是宫廷建筑中最有特色的部分，是阿克巴皇帝兴建的。这座宫殿的上部两端耸立着小塔，赤砂岩墙面则饰以白色大理石，印度古典式的矩形房屋则建在殿的中庭。由木质柱梁构成的南北两座大厅的托架上雕刻着精美的图案，木檐上面，则饰以石板房檐。

揭开古文明未解之谜

# 文明之门罗塔尔之谜

1954年11月，印度考古学家S·R·拉奥宣布，他所领导的考古发掘队在距坎贝尔湾12英里的波戛瓦和萨巴马提河之间发现了一个属于印度河流域文明的古代港口城市——罗塔尔。罗塔尔的考古发现又一次把人们的视线引向印度河流域。"罗塔尔"是当地的古吉拉提语，意为"死亡之冢"，与摩亨佐·达罗的"死亡之丘"之意相同。

对罗塔尔的发掘一直持续到1960年，共发掘出物品1.7万多件。拉奥和他的同伴发现，罗塔尔和其他遗址一样，也存在着至少5个文化层，而且时间的下限可能持续到公元前1000年左右。如果这个观点得到确证，印度河流域文明的存在时间就将延长约700年。

在罗塔尔，我们看到了城市规划严谨，在4条主要街道和其他街道边排列着各式建筑物，排水系统亦可谓四通八达。

不过罗塔尔最吸引人之处是它的港口。在城南有巨大的船坞和港口平台，已发掘出来的船坞用砖块砌成，高约3米，面积约8 000平方米。人们还发掘出一条长约2.5千米的已经干涸了的河床，这可能是当时的人们开挖的通往坎贝尔湾的运河。在河道的边上，排列着不同时期建造的码头，可以停靠长18~209米，宽4~6米的大船。每当涨潮时，人工河道中可并排行驶两艘大船。来自西亚、北非以及更遥远地方的商船将各种珠宝、工艺品、食油、矿产等运到这里再运往各地，次大陆出产的纺织品、象牙制品、木材等也从这里经海路运往世界各地。

罗塔尔就像印度河流域文明的一道海上大门，它使世界了解这里，也使它走向世界，并使古老的南亚次大陆对外开放，它对于人类文明的贡献是不可磨灭的。

## 古印度的印章之谜

与一些残墙断壁、沟渠孔洞大相径庭的是，印度河流域出土的印章以及其刻画图形和文字符号是向后人昭示的准确的文明信息。在那里发现的印章已有2 500多枚，有天青石的、陶土的、象牙的，还有铜做的，方的2.5厘米见方，也有的呈长方形。印章文字是目前世界上已知最早的文字体系，因此有人干脆把印度河流域文明称为印章文明。那么，这是一种什么样的文字？它表达着什么意思呢？

在印度，曾经有一段时间存在着这样一种现象：每过一段时间，就有一位学者向社会宣布他已经读懂了印章上的文字，并宣称这是最准确的观点。可是没有多久，另一个学者的声音就把前面的声音盖住了。每当世界有名的学术单位或出版社派员前往印度考察时，总会有不少人登门自荐，宣称自己已经找到了释读印章文字的途径，请这些学术单位或出版社务必出资帮助发表他们的成果。然而，几十年过去了，读通这些文字似乎还遥遥无期。

摆在我们面前最大的难题之一是每个印章上的刻画符号只有几个，最长的不超过20个，很难释读。刻画符号也有很多，已鉴定出的就有400多个，而且还有不同的变形。

20世纪初，捷克考古学家和语言学家赫罗兹尼已蜚声世界，他先后破译成功了赫梯楔形文字和亚述泥版文书。当印度河流域印章文字被发现后，他又把兴趣转向南亚，在埋头苦钻数年之后，他破译出125个文字符号，并认为这一文字已由象形文字阶段发展到表音文字阶段，受西亚和伊朗文字的影响很大，属于印欧语系。

澳大利亚学者盖尔备伦没有直接讨论印度河流域文字本身的含义，而是提出一个起源假设。他认为世界上所有的文字都经过一个从象形文字到表章表意文字的发展过程，埃及、中国和印度河流域的文字都有共同特点，因而很可能有一个共同的发源。他特别强调了中国的象形文字与古印度印章文字的共同之处。这种观点虽然令人注目，但至今学术界尚无法对其做出评论。

20世纪70年代以来，越来越多的研究者抛弃了赫罗兹尼关于这一文字属于印欧语系的看法，而认为它是印度土著的达罗毗荼语。1976年，美国学者费尔赛维斯发表了他的研究成果，他宣布自己已破译出100个文字符号，甚至已可释读某些完整的句子。他认为这一文字体系已发展到一定水平，属于古达罗毗荼语。对印章文字的研究还在继续，它的奥秘正被一步步揭开。

在哈拉巴、摩亨佐·达罗早期文字显得比较古朴，符号繁杂，而罗塔尔出土的印章文字则已经明显简化。印章文字的笔画由直线和弧线组成，从右向左书写。有一些字符仍然保留着象形文字的特点，一个符号表示一个意思。

印章上最引人注目的刻画图形是牛的形象。在摩亨佐·达罗出土的123个铜印章上，有36个刻画着牛的图形，还有头上长角的立姿人兽图形和抽象的牛头图案。牛在古印度人的精神生活中占据着非同寻常的位置。牛不仅为人们提供了生产动力、乳和肉，而且更代表了一种丰足，成为人们向往美好生活的心理寄托和希望的象征。对牛的崇拜，构成印度河流域文明最亮丽的一道风景线。

出现在印章上的动物还有大象、骆驼、羊，可能还有狗等。山川河流等自然物也很常见。还有一类数量不多的印章图形很特别，它们或是人兽共处，或是人兽同体，反映着宗教信仰的另一种表现形式——天神崇拜。

在印度河流域，那些富有的、地位显赫的人士往往都有自己的独特的标志。他们把这种标志刻在印章上，在需要的时候就盖下来，或随身带着以表示自己的身份，有时，也把它送给异邦友人作为纪念。所以，这些印章已越出印度河流域，在两河流域等地区也发现了它们的足迹。

小小印章，方寸之间，包含了如此多的文明成果，但是它其中许多的秘密还等待着人们的进一步的破译和探究。

## 摩亨佐·达罗人的死亡之谜

考古学家研究摩亨佐·达罗遗址中出土的人骨后发现，摩亨佐·达罗人都是在十分奇异的状态下死亡的，换而言之，死亡的人并非埋葬在墓中。考古学家发现这些人是猝死的，在通常的古文明遗址中，除非发生过地震和火山爆发，否则不会有猝死的人。摩亨佐·达罗没有发生过上述两件事，人骨都是在居室内被发现的，有不少居室遗体成堆成堆地倒着，令人惨不忍睹。最引人注目的是，有的遗体用双手盖住脸呈现出保护自己的样子。如果不是火山爆发和地震，那是一种什么样的灾难令这些人瞬间死去呢？这在很长时间内是一个谜。考古学家们提出了流行病、袭击、集体自杀等假说，但均被推翻了。无论是流行病还是集体自杀，都不能解释"一瞬间"死去这种说法。为了解开这个谜团，印度考古学家对出土的人骨进行了详细的化学分析。卡哈博士的报告说："我在9具白骨中发现均有高温加热的痕迹……不用说这当然不是火葬，也没有火灾的迹象。"是什么异常的高温使摩亨佐·达罗的居民猝死呢？人们想起了一些科学家推断的远古时代曾在世界不少地方发生的核战争。摩亨佐·达罗遗址与古代假想中的核战争有无关系呢？事实上印亚大陆是史诗神话中经常传诵的古代核战争的战场。公元前3000年的大叙事诗《马哈巴拉德》中记叙的战争景象一如广岛原子弹爆炸后之惨景，提到的武器连现代化武器也无法比拟。更重要的是如此毛骨悚然的惨痛记忆流传至今，不是1945年"广岛"事件所能与之相提并论的。

另一首叙事诗《拉马亚那》描述了几十万大军瞬间完全被毁灭的景象。诗中有一点值得注意：大决战的场地是被称为"兰卡"的城市，而

"兰卡"正是当地人对摩亨佐·达罗的称呼。当地人说：在1947年印巴分治后属巴基斯坦而被禁止发掘的摩亨佐·达罗，有不少似广岛核爆炸后遗留下来的"玻璃建筑"——托立尼提物质。即世界上第一颗原子弹在美国托立尼提沙漠中试爆量，沙因高温凝固成的玻璃状物质。答案似乎出来了。但推断毕竟是推断，虽然科学家越来越相信地球上出现过数次文明并被毁灭，但在完成结论以前，要人们信服摩亨佐·达罗的遗弃与核战争有关还为时过早。

有人认为，印度河文明与其他文明是同时崛起并存的。是不是可以说，印度河文明发展之初，受到过外来文明的影响，但在漫长的历史长河中孕育出独特的高度文明。

还有人提出，印度河文明是多种文化融合的结果。众说纷纭，有一点可以肯定，印度河文明的特殊性和神奇性，使其过去、现在都为人类历史的发展奉献着无法取代的财富，它不仅是印度文化的源头，也是人类文明史的不可或缺的一页，因而，它的诸多谜团一直为世界所关注。

## 加济兰加国家公园

加济兰加国家公园，占地面积约为430平方千米，坐落在印度东北部的阿萨姆邦境内。公园中保持有世界上罕见的自然生态环境，是印度北部为数不多的自然公园之一。这里河湖密布，沼泽遍地，栖息着大量的动植物物种，是世界上最大的独角犀牛群的栖身之地，也是众多候鸟的乐园之一。1985年，联合国教科文组织把加济兰加国家公园作为自然遗产列入《世界遗产名录》。

每年布拉马普特拉河泛滥时，都会淹没公园内大部分土地，因此人类难以进入此地，这使得这片土地至今仍有神秘色彩。

加济兰加国家公园中布拉马普特拉河的流域内，有一个海拔40~80

米的高地，生活着印度犀牛和亚洲水牛。在 500 年前印度犀牛曾广泛分布于印度的恒河平原和孟加拉国、泰国、缅甸等地。但如今，大量的猎杀和环境的破坏，使它在缅甸已经绝迹。即使是在印度，犀牛也已濒临灭绝。印度野牛是亚洲体型最大的野牛，现也几近灭绝。

此外，这里还生活着野猪、沼泽鹿、孟加拉山猫和水獭、孟加拉虎等动物。公园内散布在冲积地带的沼泽是候鸟的栖息地，每年冬季，有 100 多种候鸟从西伯利亚飞来过冬。

# 果阿教堂和修道院

果阿教堂和修道院，古有"东方罗马"之称，坐落在印度西南部的果阿邦境内。这些教堂和修道院真实记录了西方传教士在亚洲地区的活动状况，具有重要的历史研究意义。同时，教堂和修道院集葡萄牙的马努埃尔建筑风格、意大利 16 世纪艺术风格及巴洛克艺术风格于一身，其建筑风格对亚洲其他地区的基督教建筑产生了巨大而深远的影响。1986 年，联合国教科文组织把果阿教堂和修道院作为文化遗产列入《世界遗产名录》。

1510 年葡萄牙人侵占果阿，1561 年印度人民打败侵略者，将其收回。老果阿留下了 20 多座葡萄牙人兴建的教堂和大量的殖民官员住宅，这些高级住宅包括有陡斜的红瓦屋顶、露台、私人小教堂、舞厅和图书室等设施。

兴建于 17 世纪的圣卡杰坦修道院精巧典雅，其外形是仿照罗马圣彼得大教堂的中央圆顶修成的，其正西面还建有两座塔楼。

动工于 1562 年的天主教堂的修建前后历时几十年，直到 1619 年才完工。位于天主教堂东面的阿业提的圣弗朗西斯修道院及教堂，现已成为博物馆。教堂的装饰极其奢华浮丽，其边廊饰有贴金木雕，连角落也饰有浮雕和壁画。

1594年，这里又修建了正面是巴洛克式的鲍姆·杰兹矩形教堂，另外在教堂的侧壁和钟楼上，还增设了许多小窗，这个教堂的墙壁未加任何装饰，这是它与其他教堂的墙面装饰风格明显不同的特点。其中，设有木雕镶金的豪华圣坛的正殿是教堂里装饰得最豪华的部分。

## 盖奥拉德奥国家公园

盖奥拉德奥国家公园，世界上最重要的湿地保护区之一，坐落在印度西北部的拉贾斯坦邦境内，东距印度亚格拉约50千米。盖奥拉德奥是一片人工建成的保护区，公园内热带干燥林和干燥草地混杂生长，更是来自中国、阿富汗、西伯利亚等地水鸟的主要越冬地之一，是鸟儿们的天堂。盖奥拉德奥国家公园于1985年被联合国教科文组织作为自然遗产列入《世界遗产名录》。

栖息于盖奥拉德奥国家公园的湖泊和周围湿地上的鸟类有近350种，其中，有113种在这里筑巢、产卵。在每年雨季到来之前，印度坡凫和栖息在草地上的田凫都尽量从炎热的地表飞到更高处筑巢。从11月到12月底，约有20余万只候鸟来这里越冬，其中紫腿白鹤的飞行距离最远，从西伯利亚飞到这里，飞行距离超过6 400千米。

## "死亡之丘"的发现之谜

印度河的上游有5条大河，它们像5个指头并列于旁遮普平原上。这里土壤松软，原是一片富庶的土地，但由于过度开发，气候干热，植被稀少，放眼望去，满目苍凉。当5条河流终于合而为一之后，便奔腾而下，直贯入海。印度河及其支流年复一年定期泛滥，把过去的一切都掩埋在洪水带来的泥土之下。

在今日巴基斯坦城市拉合尔西南不到200千米处，有一个叫哈拉巴的地方。也不知从什么时候开始，这里的居民发现只要从松散的浮土上挖下去一点，就能找到一块块规则的长方形"石块"，用来建筑房屋真是再合适不过了。越来越多的人加入了挖掘这种免费建筑材料的行列。

随着开挖范围的扩大，有人察觉这里是一个居民区的遗址，那些"石块"是用火烧制成的泥砖。1826年，英国探险家查理·马森在沿印度河探险时来到这里，当他看到那些残墙断壁时，立刻意识到这可能是一座已经死去的古城，并猜想这可能是古罗马历史学家曾经提到的东方之城桑加拉。然而他的想法并没有产生太大的影响。

5年后，另一位英国人亚历山大·伯恩斯运送英国国王赠送给锡克族首领的5匹马，途经哈拉巴，对印度古代文化兴趣浓厚的他特意停下来进行了一番考察，但除了得出和查理·马森一样的结论之外，他也没有提出什么引人注意的看法。

18世纪末到19世纪末对埃及和两河流域地区的考古大发现，激发了人们对古代东方文明的浓厚兴趣，人们开始从新的视角去看待那些存于泥土之下的东西。考古学在英国被十分看重，当大英帝国最终将印度纳入自己的版图，使这个海外省成为"英国皇冠上的一颗明珠"之后，他们还在这里设立了考古局。

1853年，亚历山大·坎宁安作为考古局长来到印度。坎宁安在对哈拉巴的发掘中发现了一些手工艺品，特别是在废墟中找到了石制的印章。1875年，《印度考古年鉴》刊登了他撰写的题为《哈拉巴》的文章，文章中他论述了对这一遗址考察的结果。坎宁安称哈拉巴是拉维河岸地区众多遗迹中最大的一处，并首次绘出在这里发现的印章图，他指出这不是印度现代文字，但却错误地认为"外国传入印度的"。伟人发现的机遇便这样从他的手中一滑而过，他也被后人讥为"有眼无珠"的考古局长。

1856年，英国当局准备修建一条与印度河走向相同、纵贯这一地区的铁路。当铁路伸延到印度河中游地区时，一个难题摆在了英国技师们的面前：这里是一望无际的平原，掘地数尺，仍是松软的土壤，到哪里去找石头来铺设路基呢？这个问题不久就被聪明的英国人解决了，他们根据当地人的介绍，在一个被称为"死亡之丘"的地方挖出了数不尽的方形"石块"。历史又一次重演，不过此次这些"石块"并没被用来建房，而是被铺在路上，成为从拉合尔到卡拉奇这条大铁路中的一段铺轨石。

1902年，印度考古局来了一位新总监约翰·马歇尔。这位出生于1876年的英国人从著名的剑桥大学毕业之后，把自己的一生都贡献给了考古事业。他先后参加了在希腊和土耳其的考古发掘工作，当一件件沉睡千年的器皿和那些古城重见天日，一段段被人们遗忘的过去再现光彩的时候，马歇尔总能体会到巨大的喜悦，同时又产生新的冲动：什么时候能再有一个新发现，给世界一个新的轰动？所以，他一踏上印度这块古老的土地，就跃跃欲试。可是，从何处下手呢？在主持犍陀罗文化遗址和佛教遗址发掘工作的同时，一则来自印度河流域的信息引起了马歇尔的注意。他的印度助手报告说，被捣碎铺铁路的并不是石块，而是古代人用来建城的砖块。

敏感的马歇尔凭直觉预感到这后面可能隐藏着一个巨大的秘密。1911年冬，他指令考古局西部地区主任班达卡尔对"死亡之丘"摩亨佐·达罗进行了全面考察。可是，在第二年提交的报告中，班达卡尔认为，这是一座真正的死城，其历史不过两百年左右，没有太大的考古价值。眼看这件事就要被搁置起来了。然而，就在这一年，另一位考古学家和文学学家弗利特又把马歇尔的注意力吸引到了这里，并再也没有移开。弗利特对哈拉巴和摩亨佐·达罗出土的3枚印章进行了研究，他没有像其他人那样过多地注意印章上的图形，而是认真地研究了那些古朴的刻画符号。在经过与其他地区发现的古文字比较之后，弗利特提出这是一种在其他地区从未发现过的古代文字。

一石激起千层浪,考古学界被震动了。经过考虑和筹划,马歇尔的印度助手拉·巴纳吉于1920年率领一支考古发掘队进驻摩亨佐·达罗。1922年,马歇尔也到达哈拉巴,亲自领导了对该遗址的发掘。

系统的考古发掘全面铺开不久,马歇尔就欣喜地发现他脚下是一个足以让他扬名百世的宝地。1924年9月,在经过认真研究之后,他向外界宣布,这是一个久远的未知年代的人们所创造的高水平的文明,"没有理由认为,这一地区的文化是从其他地区传入的"。后来,历史证明了他判断的是正确的。

从那时开始的半个多世纪以来,在印度河流域的发掘工作一直没有停止。特别是被称为考古学大师的惠勒在1944～1948年担任印度考古局总监时,将细致严谨的工作方法运用于发掘和研究,使对印度河流域文明的认识达到了新的水平。

## 阿旃陀石窟

阿旃陀石窟,位于印度马哈拉施特拉邦北部文达雅山的悬崖上。这是一个充满着神秘而又具有浓厚的宗教色彩的场所,里面精美的建筑和雕刻作品都是佛教文化中少有的精品。1983年,阿旃陀石窟被联合国教科文组织作为文化遗产列入《世界遗产名录》。

马哈拉施特拉邦的当地人,将印度古代佛教徒开凿出来的佛殿和僧房称为阿旃陀石窟,"阿旃陀"的梵文意思是"无想""无思"。共有29座石窟分布于高100多米、长550米的新月形山峰的山腰间。全部石窟可分为两类:一类为供僧人居住的25间僧房;另一类为供佛教徒进行宗教活动的4个佛殿。石窟位于清幽的谷底,别有一种宗教神秘色彩。

佛殿正中有一座内藏舍利的圆形佛塔,殿壁四周建造着列柱。僧房仅陈设着石床、石枕和佛龛等器具,极为简单。

石窟内有精美绝伦、享誉世界的壁画和石雕等艺术杰作,这些艺术作品因建成时间不一而各具特色。

约建于公元7世纪的第一号石窟,是大乘佛教建筑的代表作。窟内有一尊高约3米的释迦牟尼雕像,从正面、左面、右面三个角度,分别可看到他在沉思、微笑、庄严凝视时的神态,角度不同,神态也随之而变,是不可多得的艺术珍品。

阿旃陀石窟将印度古建筑、雕刻和绘画三者融为一体。它以佛教的生平事迹为题材,从一个侧面真实地反映了当时印度古代宫廷生活和社会风貌,甚至,中国石窟艺术在后来也深受其影响。

## 法塔赫布尔·西格里城遗址

法塔赫布尔·西格里城,原意为"胜利墙",始建于16世纪下半叶,坐落在印度北方邦阿格拉布境内。该遗址拥有众多颇具特色的寺庙和一座气势宏大、装饰豪华的皇宫,突出地体现了莫卧儿文明的辉煌成就。联合国教科文组织于1986年将法塔赫布尔·西格里城遗址作为文化遗产列入《世界遗产名录》。

法塔赫布尔·西格里城遗址得名于其附近的一个名叫西格里的小村。

城市的主体建筑以赤砂石为原料,装饰着嵌出图案并刻上各种细密精致花纹的白色大理石,城中的清真寺是印度最大的清真寺之一,可以容纳1万多名信徒。此外,它还是圣人谢赫·沙利姆·奇斯蒂的陵墓的所在地。

清真寺东北面的皇宫由觐见宫、五层宫、土耳其素丹宫、水池、内宅、庄园等建筑组成,规模宏伟、造型奇特精美。

皇宫大约1 600米宽,周围有3边宽约3 000多米的城垣将它围起,皇宫的南门是一座高大的红色建筑,外面装饰着白色大理石,此门呈八角形，其顶端还环绕着小凉亭。

雕梁画栋的觐见宫，四壁有一圈两层回栏，一根柱头像树冠似的石柱立在中心位置，它还托起一个圆形平台，平台上还有4条路桥通向宫殿四角，与两层回栏相连。皇帝宝座就设在这个平台上，皇帝可以坐在上面，倾听群臣在下面议论国事。

形若宝塔的五层宫中最高一层是土耳其式圆顶凉亭。站在楼顶观望，全宫及周围景色可尽收眼底。其屋顶用绿色琉璃瓦装饰、内室的墙上绘制着中国画，建筑装饰极为精巧别致。圣人沙利姆的白色大理石墓和一群清真寺也在宫中。

## 帕塔达卡尔的石雕群

帕塔达卡尔的石雕群，意为"宝石王冠之都"，坐落在印度南部的卡纳塔克邦境内。石雕群建成于南印度遮娄其王朝的鼎盛时期，规模巨大，气势雄伟壮观。其建筑风格对印度以后的寺院建筑产生了极为深远的影响，于1987年被联合国教科文组织作为文化遗产列入《世界遗产名录》。

当起日王二世（约公元733～744年在位）彻底打败了帕那瓦人后，为纪念、宣扬丈夫的战功，摩诃达毗王妃下令在帕塔达卡尔建造十分豪华的毗鲁帕克舍寺供奉湿婆神。

毗鲁帕克舍寺正殿的前方，是一个立柱大厅式礼拜殿，三面设有带入口的门廊。壁柱将壁面划分开，壁面上还安了相互交错、工艺精美的壁龛和窗户。背面的塔状部分被分为三层，构成了非常谐调的整体风格。

位于石雕群偏南的，是一座湿婆神庙。这座神庙始建于公元720年左右，最初只有圣室和礼拜殿，后来，在不断的增建中，它变成了一个拥有宽阔礼拜殿的大寺庙，十分壮观宏伟。

# 泰姬陵

泰姬陵坐落在亚格拉近郊亚穆纳河畔南岸，景象华丽壮观、气势雄伟磅礴，被列为世界七大建筑奇迹之一。泰姬陵是莫卧儿第五代皇后阿柔曼·巴纽的陵墓，这也是皇帝沙·贾汗为纪念他的妻子而建造的。皇后原名蒙泰姬·玛哈尔，因被人们误称为"泰姬·玛哈尔"，陵名由此而来。整座陵墓有着浓郁的伊斯兰风格，体现了古印度人民非凡的智慧。1983 年，联合国教科文组织将泰姬陵作为文化遗产列入《世界遗产名录》。

多情美貌的泰姬很得沙·贾汗的宠爱，在一次出巡途中她因难产而去世。临终前，她请沙·贾汗为她兴建一座陵墓，沙·贾汗答应了，并于 1632 年开始动工，历时 22 年，共耗费 4 000 多万卢比。

陵墓占地 17 万平方米，正中央是陵寝，在陵寝东西两侧各建有清真寺和答辩厅这两座式样相同的建筑，两座建筑对称均衡，左右呼应。陵的四方各有一座尖塔，高达 40 米，内有 50 层阶梯，是专供穆斯林阿訇拾级登高而上的。大门与陵墓由一条用红石铺成的甬道相连接，在甬道两边是人行道，人行道中间修建了一个"十"字形喷泉水池。

陵墓的基座为一座高 7 米、长宽各 95 米的正方形大理石，寝宫居于陵墓正中，四角各有一座塔身稍外倾的圆塔，以防止塔倾倒后压坏陵体。寝宫的上部为一高耸饱满的穹顶，下部为八角形陵壁，上下总高 74 米，用黑色大理石镶嵌的半部古兰经的经文置于四扇拱门的门框上。寝宫内有一扇由中国巧匠雕刻得极为精美的门扉窗棂。寝宫共分宫室 5 间，宫墙上有构思奇巧的用珠宝镶成的繁花佳卉，使宫室更显光彩照人。中央八角形大厅是陵墓的中心，在墙上镶嵌着浅浮雕和精美的宝石。中心线上安放着泰姬的墓碑，国王沙·贾汗的墓碑则位于其旁边。

泰姬陵的构思和布局充分体现了伊斯兰建筑艺术庄严肃穆、气势宏伟的特点，整个建筑富于哲理，是一个完美无缺的艺术珍品。所有游客都把印度人民的这一非凡杰作称为印度的奇珍。

## 默哈布利布勒姆古迹群

默哈布利布勒姆古迹群，古有"七塔城"之称，位于印度南部泰米纳德邦的马德拉斯境内。以著名的《恒河降世》巨型露天浮雕、河滨寺等为代表的众多彩车形寺庙和石窟圣殿都集中在这座古城之内，是建筑艺术和雕刻艺术完美结合的产物。1985年，联合国教科文组织将默哈布利布勒姆古迹群作为文化遗产列入《世界遗产名录》。

公元7世纪时，默哈布利布勒姆是帕拉瓦帝国的重要港口和军事基地。如今这里只留下了一批稀世的石雕杰作，有一组群像是其中最著名的，它们被雕刻在一块长32米、高10多米，中央有裂缝的巨大岩壁上。

默哈布利布勒姆村以南几百米处有为数众多的石雕寺庙，这些寺庙叫作"拉塔"，均是由一整块花岗岩雕成的，原指马车的拉塔后来也用于称呼神的坐骑，这是这些寺庙名字的由来。由5座教堂和动物雕像一字排开的雕塑艺术品"五拉塔"被完好地保存至今，现在已成为帕拉瓦王朝建筑的代表遗作，被称为该王朝建筑的"岩石博物馆"。

在与海水相邻几步之遥的海滩上，有一座用礁石雕成的寺庙，里面立着神龛，有许多精美的雕刻，但因常年受风浪的侵袭，已受破坏。

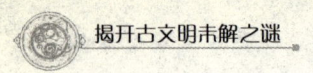

# 坦贾武尔的布里哈迪斯瓦拉神庙

坦贾武尔的布里哈迪斯瓦拉神庙,坐落在印度东南部的泰米尔纳德邦的坦贾武尔市。坦贾武尔曾是印度历史上朱罗王国的首都,神庙就是由朱罗王朝修建而成。布里哈迪斯瓦拉神庙规模宏大、气势雄伟,庙内壁画极为精美和珍贵。这座神庙是朱罗王朝在南印度及东南亚各地建造的所有寺院中最杰出的代表。联合国教科文组织于1987年将坦贾武尔的布里哈迪斯瓦拉神庙作为文化遗产列入《世界遗产名录》。

坦贾武尔附近的布里哈迪斯瓦拉神庙,建于11世纪初,用于供奉湿婆神,建造共耗时7年。神庙的院落长240米、宽120米,四周绕以回廊。此外,还有一个用砖墙围成每边长约350米的大院子围在这个院落的外侧。

庙门前,有一尊巨大的公牛雕像,相传是湿婆神的坐骑南迪。

在布里哈迪斯瓦拉神庙的毗摩那的底面,有一个边长25米的正方形,著名的维马纳姆高塔即建于圣室之上。耸立在29米高的正方形基座上的这座高塔高15米,加上塔端的装饰,整座建筑物高65米,极为雄伟壮丽,同圣殿等建筑浑然一体。

在布里哈迪斯瓦拉神庙内,还于1930年发现了建庙时期的大量壁画,这些壁画绘于12世纪;后因被17世纪的壁画覆盖而得以完好保存。壁画的内容,主要以印度传说中的湿婆神形象为题材。这些是朱罗王朝仅存的壁画作品,极其珍贵。

# 胡马雍陵

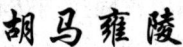

胡马雍陵，位于印度德里东郊亚穆纳河畔，是印度莫卧儿帝国第二代皇帝胡马雍的陵墓。该陵墓建于1565年，其规模之大在印度同类陵墓中极为罕见，建筑风格体现了莫卧儿时代典型的建筑艺术和建筑特色。1993年，联合国教科文组织将胡马雍陵作为文化遗产列入《世界遗产名录》。

胡马雍陵是印度第一座规模如此宏大的伊斯兰式陵墓，它代表了莫卧儿建筑的早期建造风格。胡马雍陵四周围有长达2千米的围墙，八角形楼阁式的大门装饰着由大理石、红砂石等拼凑出的小巧图案。

陵墓坐北朝南，全部用红砂石建筑，呈长方形，占地40多平方米。高约24米的正方形寝宫建在高大的石台上，四壁之上设了分两层排列的小拱门，中央是圆形白大理石圆顶，一座黄色金属小尖塔则设于圆顶中央。呈放射状的寝宫内各有通道，由这些通道可以到达两侧高22米的八角形宫室，宫室上面各有两个八角顶凉亭。宫室两面，还建有翼房和游廊。相传当年胡马雍大帝就是从右侧翼房的藏书楼梯摔下而亡。寝宫中央放着胡马雍和皇后的石棺，两侧宫室安放着莫卧儿王朝5个帝王的石棺。墓内的红砂石、精细的镂花、花园式内景和四周墙壁上的拱形大门都以精巧见长。

## 顾特卜塔之谜

顾特卜塔，印度最高的塔，位于印度首都新德里的南部地区。该塔设计精巧，布局讲究、装饰华美，是印度教文化和伊斯兰教文化交互融合的产物，被誉为印度七大奇迹之一。1993年，顾特卜塔作为文化遗产，

被联合国教科文组织列入《世界遗产名录》。

顾特卜塔的圆形塔身全部用石块砌成,塔身由20多根小圆柱组成,呈赭红色,高72.56米,上面以古阿拉伯文和各种花纹图案为装饰,塔分5层,下面3层用红砂石建造。塔基直径约14.4米,每层的花纹绝不雷同。第一层是交错连接的半圆形和三角形的肋拱,第二层全是半圆形肋拱,第三层是三角形肋拱。在每一层的周围还设了一圈平台,平台上面刻满了《古兰经》的经文,极富装饰效果。

从底层的塔门循397级石阶可盘旋登上塔顶,站在塔顶,新、旧德里和亚穆纳河的秀丽景色尽收眼底。根据塔内石壁上的刻文可推测出此塔大约是德里最后一个印度教统治者乔汉所建,目的是纪念他的王后。

在塔旁边的清真寺遗址内,还有一根大铁柱。传说凡是反抱铁柱双手能接在一起的人,就可以一生走运。因而来此游览的游客常去一试,使铁柱被人抱的部分锃亮而光滑。

## "刺天剑"——卡帕多西亚石锥之谜

土耳其中部的石锥地区千姿百态,而石锥中的洞穴居所,更使景色不同凡响。

在二十世纪初期以前,西方人很少留意卡帕多西亚这个名字。过去,只是由于圣经里提过圣彼得的第一封信是寄往卡帕多西亚的,才使人模糊地知道在小亚细亚有这么一个地方。但今天,卡帕多西亚成为全世界著名的旅游胜地。该区位于土耳其中部,环绕厄格普和格雷梅谷,景色十分诡异。

在卡帕多西亚,无数锥形和金字塔形的岩石从荒凉的深谷中拔地而起,构成了非常独特的神话般景色。有些石锥从下至上逐渐变尖,十分光滑，高达五十公尺；有些则十分粗糙，奇形怪状；还有许多大小、形态各异的石柱和露头岩石。石锥的颜色更是绚丽奇诡，有艳黄、粉红、深朱、浅蓝及淡灰。

更令人惊叹的是：不少石锥和岩石顶上都有深色的石板。远望有些形似古怪的蘑菇，有些则似身披斗篷、歪戴着帽子的绅士。有些地方，石锥乱七八糟地散布在谷底；有些地方则排列得井然有序。无怪民间流传着石锥起源的神话：很久以前，卡帕多西亚被一支掠夺成性的军队围困，当地居民祈祷真主帮助，结果把敌兵全化为石锥。

卡帕多西亚石锥矗立于埃尔吉亚斯死火山高原上。石锥就是由这座高达三千九百一十六公尺的死火山喷出物质形成的。千百万年以前，埃尔吉亚斯火山猛烈喷发，火山灰散布在广大面积上，冷却后凝固成一层厚厚的白色凝灰岩，质地较软，用刀便可削刻。凝灰岩经长期风雨剥蚀，雨水冲出了壑沟、峡谷，留下了千姿百态的锥形丘陵。

火山喷出的凝灰岩有些温度非常高，与下层岩石融合，形成较坚硬的岩石层，颜色较深。雨水在这类岩层上冲蚀出沟壑，在较软石锥顶上剩下深色石块，保护着下面较软的凝灰岩，构成奇异的景色。

也许老天嫌这里的自然景色还不够奇特，故而又以人工来锦上添花。游客来此可看到在石锥和峡谷两边的悬崖峭壁上凿了无数门窗。

20世纪许多年之后，当地人还在山岩和峭壁上凿洞安家。早在公元前4000年，当地人就开始扩大天然洞穴，在较软的岩石中凿通道。大约在公元前2000年，希太特人从东方大举入侵。可能从那时起，岩洞居民就往下挖洞做地下避难所，后来就发展成为地下城。

基督教传到这个高原时，布满奇特石锥的荒凉山谷，就吸引了想过宗教默祷生涯的善男信女。公元4世纪末，一小批一小批的修士和修女一直在石锥和悬崖峭壁挖洞修筑修道院。

这里还有400多个比修道院更美伦美奂的教堂。在公元7～12世纪凿成的教堂，内有圆柱、地下室和穹顶等。教堂有各种壁画，至今依然色彩鲜明。在格雷梅谷一座教堂里，有一幅壁画描绘圣乔治与魔鬼搏斗的

场面；有些壁画绘圣经故事，例如"耶稣逃往埃及"等。

石锥丘陵及其教堂吸引着大量游客，因此自然景色和壁画也随之遭受一些损坏。滑坡会把保存了几世纪的壁画毁于一旦，因为风化过程不会终止，既造成了石锥，也在摧毁石锥。现有的石锥在风雨剥蚀中渐渐消失，新的却在不断形成。

在卡帕多西亚平原上，满眼尽是针状的尖石，全都指向天空，形成一种触目惊心、不似属于现实世界的景象。早期的基督徒就住在这片荒凉的土地上，以最奇特的生活方式来适应这里的环境。

现在这片高原深谷交错，布满死火山。在首府开塞利南面广阔土地上，到处是强风侵蚀的石锥。

塑造如此地貌的过程始于约800万年前，当时卡帕多西亚的火山爆发，留下的火山灰、熔岩、岩屑、淤泥，堆叠了无数层地层，把地面升高逾100米，形成一个高原。经数百万年的挤压，原来的火山灰变成一种松软的浅色岩石，叫做石灰华。这些岩石上有一层薄薄的深色凝固熔岩，叫玄武岩。玄武岩冷却后收缩裂开，容易风化。河流洪水在高原上交错奔流，冲出越来越深的壑沟，而地震和冬天的冰霜亦进一步令层层石灰华和玄武岩破裂。

今天，侵蚀作用仍然继续，把小尖塔般的地形慢慢削平，露出五彩斑斓的上层，其中有最浅色的石灰华，也有褐色、赤褐和深棕色（因含矿物杂质所致）等不同颜色，还有黑色玄武岩。

这片看似荒凉的土地其实是片沃土，含有丰富矿物质。只要小心灌溉，山谷里可种出各种蔬果谷类。细看这里奇特的地形，可以看出一些不可思议的痕迹，说明人类曾择居于此。前人把松软的石灰华凿开和挖洞，造成子宫模样的居所，让他们居住祈祷。这类居所在开塞利西南九十公里处最多。

4世纪拜占庭帝国初期，一个叫巴兹尔的卡帕多西亚人被封为开塞利主教，他鼓励修士搬到卡帕多西亚的山谷来居住。在其后的1000多年间，修士挖凿石灰华，建成无数教堂与修道院。他们模仿拜占庭时代独立式的教堂设计,早期的教堂建筑都很简单,使用筒形穹顶、长方形中殿和小型半圆室,整座建筑的长度不超过 8 公尺。到了 10~11 世纪,有人建造较大型的教堂,根据的是拜占庭十字型设计,中央和两侧都有圆顶。所有教堂都有拜占庭式装饰,绘上耶稣和圣人生平的壁画。8 世纪时,反对崇拜圣像的人破坏了很多早期壁画,代之以几何图案。到了 10 世纪,又再流行色彩富丽的人物画。赞助人竞相聘请杰出壁画家,所以在戈尔米和乌尔贡的山谷里可看到这一时期一些极出色的画作。13 世纪时土耳其人入侵,对教堂建筑发展是致命的打击。

在内夫谢希尔南部有多个地下城填,全都分为几层,是挖掘石灰华建成的。这些像兔窟一样的房舍每所都能住上数千人,让他们躲避敌人的军队,住在里面的人叫作穴居人。早期的基督徒都以这些地下室做避难所,但最后居住在这些洞窟内的却是土耳人,他们在 19 世纪时来此躲避埃及军队。

把石灰华挖凿成教堂和地下城市,令卡帕多西亚增添了一重人类文明的色彩,不过最令游客叹为观止的,主要还是那片广漠上,数百万年前形成的奇形怪状的岩石。

奇形怪状的石锥矗立在于尔居普的平原上。由于石锥下的泥土被水冲刷掉,使石锥的高度提升。石锥在强风侵蚀下,最后会坍塌。

在戈尔米东北数千米的采尔夫,有几座在高崖上开凿而成的教堂,教堂顶还有像戴了帽子的烟囱,叫做仙人烟囱,这些帽子其实是一些位于软石柱上的耐风化玄武岩。

# 克久拉霍古迹

克久拉霍古迹,位于印度中央邦境内,坐落于印度首都新德里东南约 500 千米处。该地有大量的寺庙,且以婆罗门教和耆那教居多。这些宗

教色彩浓厚且各具特色的精美建筑和雕刻充分显示了公元 10 世纪昌德文明的繁荣与昌盛,令游人叹为观止。联合国教科文组织于 1986 年决定将克久拉霍古迹作为文化遗产列入《世界遗产名录》。

该地原有建于公元 950～1050 年间的寺庙、佛塔共 85 座,但现在只有 22 座古庙保存下来,其余都已废弃。红砂石砌成了气宇轩昂的神庙,庙里庙外都刻着各种神态各异、栩栩如生的神像,极其精美。

这 22 座古庙大致分为 3 部分。西部是著名的、高达 35 米的坎达里那的天尊庙,层层门廊角塔的重叠相连使得神庙宛如山丘,黏连交错,自有一种浑然一体的气势。在夕阳之下,这座造形雄浑精丽的建筑,闪耀着夺人眼目的绯红色光辉,蔚为壮观。

南庙群中的古庙供奉着生动而逼真的印度教湿婆神和毗婆奴神神像。

克久拉霍古庙群建筑艺术有两个特点:一是各教派的庙宇林立;二是庙宇里还有以妇女为主题的造型别致的雕塑。这些妇女们或沉思冥想,或婆娑起舞,或嬉戏取乐,千姿百态,美丽动人,充分反映了古印度艺术家热情奔放的想像力,描绘了大自然的景物,展现出人类喜怒哀乐等各种复杂的感情。

# 象岛石窟

象岛石窟,坐落在印度孟买以东 6 千米的阿拉伯海海面上的象岛之上。象岛又名加拉普利,取该岛南部的一座村庄之名。石窟雕刻造型优美、题材丰富、风格独特,既是一部精美的艺术作品,又是研究宗教文化和历史考察的重要资料。联合国教科文组织于 1987 年决定将象岛石窟作为文化遗产列入《世界遗产名录》。

他们就将该岛命名为象岛。著名的象岛石窟就坐落在象岛东南部的山上。

石窟约开凿于公元 6~9 世纪，此时，印度佛教走向衰微而印度教兴起。

现在，大部分洞窟已完全圮废，仅存有几座石窟，它们是从岩石内向外开凿而成的，犹如一座宽宏雄伟的地下神庙。窟内的雕塑与雕刻取材于印度教三大神之一湿婆神的传说故事和古印度人民的生活情景，富有浓郁的印度教色彩。

石窟内最著名的是五号窟内的湿婆神像。这尊三面神像高约 5.5 米，神像的正面手持净瓶在静思冥想；神像的右面像是作为守护神的湿婆神，他手持莲花，女性般温柔地微微含笑；神像的左面像是手握毒蛇、口露獠牙、面目狰狞的作为毁灭者的湿婆神。

另一座姿态优美动人的石刻是湿婆神化身舞王的健舞石刻，这个石刻象征的是生、住、灭、转化和解脱等创造、守护和破坏宇宙的过程。

# 神奇的雷姆里亚大陆之谜

有很多东西，有人说它是这样存在着，又有人说它是那样存在着，众说纷纭，千奇百怪。如早在 19 世纪亚大陆的问题——特殊哺乳类动物生活的马达加斯加岛、巨大陆角生活的阿尔达布拉群岛、塞舌尔群岛、马尔代夫群岛、拉克代夫群岛，等等，从非洲南部一直延续到印度半岛南端之间。据此，地质学家们推测，这些岛屿莫非是古大陆的残余？

奥地利史前地理学家梅尔希奥尔·纽马伊亚，在其 1887 年出版的著作《古代大陆》中，描绘了侏罗纪（爬虫类时代中叶）的世界地图。在这张地图上，"巴西——埃塞俄比亚大陆"的角落延伸到"印度——马达加斯加半岛"。这表明印度与马达加斯加曾是一个相互联结的整体。

奥地利地质学家爱德华·杜斯认为，古生代（鱼和无脊椎动物的时代）南半球存在过一个广袤的"贡达瓦纳大陆"，而北半球则存在过"北阿特兰提斯大陆"和"安格拉大陆"，他的论点发表在1880年出版的《地球表面》一书中。

德国生物学家恩勒斯特·海因里希·赫凯尔发现，一种栗鼠与猿杂交的动物"雷姆尔"原来生活在马达加斯加，但在远隔大洋的非洲、印度、马来半岛也能见到。据此，他断定，马达加斯加与印度之间的"地桥"直到新生代（哺乳类动物的时代）依然存在。而且，他还认为沉没的大陆很可能就是人类文明的发祥地。

英国动物学家菲力浦·斯科雷特在赫凯尔研究成果的基础上，提议将这个消逝的"地桥"命名为"雷姆里亚"。

德国地球物理学家、气象学家阿尔弗雷德·威格纳（1880～1930）于1912年提出了著名的"大陆漂移说"。他认为大陆和海洋分别由质地不同的花岗岩和玄武岩构成，因此在很长一段地质年代里，大陆一直在海洋上漂移，不断发生分离、结合，从而形成今天地球表面陆地与海洋的分布状况。

威格纳认为，在古生代，大陆是一个整体，名叫"潘加阿大陆"；中生代（恐龙时代）发生漂移；新生代第四纪冰川来临时，发生分裂。假如威格纳的论点成立，那么分离的陆地之间分布着不同的生物也就不难理解了，"地桥"——雷姆里亚大陆根本就不可能存在了。

然而，文献资料和神话故事对此却有另一番描绘。

公元前1世纪的希腊历史学家提奥多罗斯，记载了一个商人的奇特而又曲折的经历。

这个商人途经阿拉伯，前往"香料之国"。不料，途中被海盗抓去，被带到埃塞俄比亚。他与另外一个囚徒偷偷地准备了6个月的干粮，驾着轻舟逃离虎口，向南行进，在海上漂流4个月后，被海风吹到了一座岛上。

这座岛周长约900千米，气候四季如秋。居民的体形奇特，但并不丑陋。他们性格敦厚,知识丰富,精通占星术。他们使用独特的拼音字母,在圆柱上写文字,人均寿命达150岁,无贫富差别,男女平等。岛上生长着一种苇草,果实可以吃,还有温泉、冷泉,赋予人类健康和长寿。岛的周围海中有7座小岛,亦有居民居住。

这个商人在岛上生活了7年,最后辗转印度、波斯(今伊朗)返回希腊。

这则故事自然会使人联想到柏拉图笔下的"乐园"——亚特兰蒂斯;同时,也使人联想到英国作家丹尼尔·笛福在《鲁滨逊漂流记》中描写的鲁滨逊的奇特经历,可以食用的苇实可能指的就是稻米。

提奥多罗斯还记载了东方理想国——播海伊亚。这是一个与阿拉伯进行香料和药品交易的国度,有7座城市,最大的是帕拉那。城中有一座富丽堂皇的大神庙,景色优美,树木、草地、花园、水流融为一体,相映成趣,可爱的小鸟啾啾鸣叫,大象、狮子、豹等动物一应俱全,居民尚武,普遍使用两轮马拉的战车。

居民分为3个阶层,即祭司与手工业者、农夫、士兵与牧民。祭司权势炙人,生活奢华。每年岛民选出3人共同治理国家,实行"三头政治"。居民个人拥有的财产通常是房屋和庭院。一般居民普遍穿羊毛衣服,男女均佩戴黄金饰品,贵重金属矿产丰富,但不准携带出境。

阿拉伯地理学家们认为该岛的周长将近5000千米。据1 000年前的埃及王国时期纸草文献记载,漂泊到岛上的船员们,在世外桃源般的岛上开始生活后,这座岛屿的统治者——大蛇便出来劝告道:"这座岛屿不久即将沉没。"

希腊人从远古时代起,一直称呼传说中消逝的大陆居民为"普利塞利里特人"。据说这个大陆气候宜人,土地肥沃,人丁兴旺,后来因为触犯神灵而沉入大洋底部。

斯特拉波、普利里乌斯等古希腊罗马学者均写过东方大洋中的大岛"塔普罗巴赖"的事情。

古代泰米尔族历史学家们对自己祖先的发祥地进行考察后坚信，在遥远的古代，祖先们生活在位于赤道附近一块名叶"纳瓦拉姆"大岛的南部，大陆的首都"南马德拉"后来沉入印度洋海底。

泰米尔族使用的语言是泰米尔语，迄今在印度次大陆南端马德拉斯邦、斯里兰卡等地仍在使用。这种语言是南亚德拉维亚语系中远古时期最为发达的一种书面语。

这一系列的文献记载和神话传说都说明印度洋中曾经存在过一个鲜为人知的"雷姆里亚大陆"。

对许多人来说，雷姆里亚大陆是神秘莫测的。19世纪末，俄罗斯出生的埃雷娜·布拉巴斯基女士在神秘主义的进化论中将雷姆里亚人也列入其中。她认为地球17个始祖之中，第三个出现的是雷姆里亚人，他们雌雄同体，卵生，像猿人一样，有的有4只手，有的脑后长着一只眼睛。

英国神学家斯科特·埃里奥特认为，广阔的南方大陆雷姆里亚是中生代繁荣的大陆，恐龙等爬虫类动物悠闲地生存着。陆上是巨大的恐龙漫游，空中是翼龙在飞舞，水里是鱼龙出没。

雷姆里亚人的智力低下，富有原始性，身高在4.5米左右，肌肤呈褐色，口鼻突出，小眼睛，眼眶距离较大，不仅能看到前方，还能看到侧面。他们没有前额，头后部长着一只眼睛，四肢长而弯曲，手足巨大。穿着爬虫类的皮衣，手持木枪，牵着驯服的恐龙……

对于雷姆里亚大陆进行最系统探讨的是路易斯·斯潘斯。他在《雷姆里亚问题》的专著中提出了两个雷姆里亚大陆的假说。

其一是从印度洋横向延伸到太平洋；另一个是从印度洋倾斜延伸到太平洋。

他发现大洋洲民族在人类学上和地理上的分布是一致的。密克罗尼西亚分布着印度尼西亚人种，夏威夷、波利尼西亚和新西兰分布着波利尼西亚人种；所罗门、斐济分布着美拉尼西亚人种。他认为，这种分布意味着雷姆里亚大陆并不是一个独立的整体，而是由两块夹着狭窄海沟的陆地构成，一块陆地包含新喀里多尼亚、苏门答腊岛等；另一块陆地包含夏威夷群岛、新西兰岛、萨摩亚群岛、社会群岛等。

斯潘斯的雷姆里亚大陆说，与麦克米兰·布朗提出的太平洋古大陆说既相重复，又相矛盾，尤其是在居民问题上严重分歧。布朗认为，现在的大洋洲居民大部分定居了10万年以上，而斯潘斯则认为，太平洋地区，至少太平洋东部曾经生活过金发白皮肤的先民，并不都是棕色人种。布朗和斯潘斯无认为，古大陆的毁灭是由于地球内部剧烈变化引起的。但是布朗认为，古大陆的毁灭是急剧的、转瞬即逝的；斯潘斯认为，古大陆是随着地震、海啸、火山喷发等一系列自然灾害而缓慢沉没的。

斯潘斯认为，雷姆里亚大陆的原始居民是白种人，拥有高度发达的石器文明。众多岛屿上遗留下来的石建筑便是最好的说明。

至于这个大陆居民的去向，斯潘斯认为，雷姆里亚大陆沉没后，这个民族经过亚洲，移居到欧洲，残留下来的人们在恶劣的条件下逐渐退化。此后，波利尼西亚、密克罗尼西亚、美拉尼西亚居民的祖先相继来到这里，与雷姆里亚大陆的居民融合……

最近，前苏联语言学博士、地理学会会员亚历山大·孔德拉特夫在其著作《三个大陆的秘密》中，从语言学角度探讨了南亚德拉维达语系与雷姆里亚大陆的关系。他通过将印度文明中代表性的遗址摩亨佐·达罗、哈拉巴出土的印章和护符中的象形文字输入电脑，与其他地区的语言进行比较后发现，它们吸收了苏美尔人的语言，与德拉维达语最为接近。因此他认为印度文明与苏美尔文明起源于同一个文明，而这个更为古老的文明已伴随着雷姆里亚大陆的消逝而烟消云散了。

尽管雷姆里亚这一名称在19世纪即已出现，但是对印度洋的正式调查则始于20世纪60年代。

1968年，美国斯库里普斯海洋研究所对印度洋中央海岭进行了科学调查，发现大西洋底有4条南北走向的大海岭，其中两条大海岭今天仍在不断增大。活跃的海岭与不活跃的海岭为何能同在一个大洋底部呢？至今仍无法解开其中的奥秘。

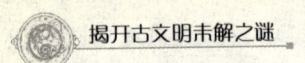

马达加斯加岛、塞舌尔群岛,以及澳大利亚西部的布罗肯海岭作为古大陆的一部分,是怎样从周围的大陆中分离开来的呢?这还是一个令人难以解释的悬案。

科学调查结果表明,在对印度洋底部地形最为复杂的西北部马斯卡林海域进行钻孔地质调查后发现,这一带海底下沉了1 000多米。这是在数千万年的地质年代里发生的。

根据板块结构理论,喜马拉雅山与印度洋是由于共同的成因形成的,由于印度板块向正北方向移动约5 000千米,与亚洲板块相撞,形成了巨大的喜马拉雅山。那么,在这个具有划时代意义的变革中,雷姆里亚大陆沉浮如何呢?据考察,这个变动发生的年代至少可以追溯到4 500万年前。

有关专家说,印度洋海底地壳活动频繁,现在有些部分还在持续下沉或不断增长。这些不断的变化是否能证明雷姆里亚大陆曾经神秘地存在呢?这依然是未解开的一个谜团!

## 摩亨佐·达罗的建筑之谜

为了进一步证实摩亨佐·达罗的都市性质,考古学家对摩亨佐·达罗进行了最广泛的发掘。摩亨佐·达罗面积约100平方千米,分西侧的城堡和东侧的广大市街区。西侧的城堡建筑在高达10米的地基上,城堡内有砖砌的大谷仓和被称为"大浴池"的净身用建筑等。其中最令人惊讶的是谷仓的庞大,这似乎显示了这个城市当时的富足。不过装满大谷仓的谷物是怎样征集来的呢?市区有四通八达的街道,东西走向和南北走向的各宽10余米,市民的住房家家有井和庭院,房屋的建材是烧制过的砖块。如果不是亲眼所见,这是难以置信的,因为在其他古代文明中,砖块只用于王宫及神殿的建筑。最令考古学家惊异的是完整的排水系统,其完善程度就连现今世界上数一数二的现代都市也都未能达到。二楼冲洗式厕所的水可经由墙壁中的土管排至下水道,有的人家还有经高楼倾倒垃圾的垃圾管道。从各家流出的污水在屋外蓄水槽内沉淀污物再流入犹如暗渠的地下水道,地下水道纵横交错,遍布整个城市。面对如此密集的地下水道,人们不禁瞠目结舌。住宅区各处均设有岗哨。从挖掘结果看,这是一个十分注重市民生活、公共设施的城市,这是一个什么社会形态的社会呢?为什么它没有宫殿,所有的住房水准又都一样,完全不同于宫殿、神殿林立的古印加、美索不达米亚及国王、法老陵密布、贫富悬殊的埃及。

除了完善的公共设施之外,还有不少通向印度河乃至阿拉伯海的港埠,这是国内外广泛而积极的经济活动的表现。这所有的一切出于何人的规划?这个设计师可以说具有现代化的头脑。另外,整个摩亨佐·达罗没有防御系统和攻击武器,也没有精美夺目的艺术作品,这也是已知古代文明中的唯一先例。

这些城市的统治者是什么人?考古学家按照惯例,首先在摩亨佐·达罗寻找王宫和神殿,结果一无所获。这又提出一个问题:是什么人,用什么样的方法统治这块辽阔的国土?而且摩亨佐·达罗和哈拉巴有着完全相同的城市建设,难道它们都是首都?因为没有神殿,能不能用其他古文明中的例子——古印加、美索不达米亚、古埃及的国王同时兼任法老或祭司王来推测统治者呢?所有遗址中确实没有发现有祭司王统治的痕迹,难道5000多年前的印度河文明已经废弃了君主制?这么大的国土不可能没有统治者。考古学家又仔细研究了第一块和以后出土的印章,但经过一个世纪的努力,印章上的字还是无法解读。那么,它是否是一种权力的象征?如果是,这两个城市为什么又没有神殿和宫殿呢?

因为有一小部分印章上刻有神像,于是有人推测,这可能是宗教遗物。但也有人反驳说,这完全是家族或个人的保存品,不能说明整个国家具有宗教性质,况且出土的近3万枚印章中,有神像的只是很小部分。谜团越来越多。有人认为只要能够释读印章上的文字，就可以解释这个文明的来龙去脉。其实，文字固然可以使人了解整个文明的起源和衰落，但大多数考古学家却认为必须从多方面研究，以触类旁通。

究竟是什么人创造了这个文明？开始人们曾误以为是受其他文明的影响发展起来的，但是进一步考古发现，无论是文字还是印章都是在其他地方看不到的，而且出土人类骨鉴定也表明这里的人融会了许多人种的要素，他们不是现在已知的某个特定民族。

那些在今天已经无法居住的地方建设如此高度文明的城市的人，如果不是印度人的先人，那又是什么人呢？印度河文明是怎样被废弃的？这有待于考古学家们的进一步发现和考究。

## 古罗马道路之谜

"条条大路通罗马"这个谚语我们都知道，是用来比喻事物具备多种可能性的。为什么条条大路是通罗马而不是其他的地方呢？这个谚语最初是怎样形成的呢？

古罗马保持最长久的纪念建筑之一就是它巨大的道路网，它们将罗马各行省编织在一起，为罗马帝国的强盛和繁荣作出了巨大的贡献。

由于古罗马人崇尚法制，追求有序和规则，因此古罗马时代的交通运输网都有着宏伟的规模。各交通大道一般都以罗马城为中心，呈辐射状向周围地区延伸。

公元前312年，为适应版图扩展和势力延伸的需要，在监察官阿庇乌斯的主持下，罗马人修筑了第一条高水准的罗马式道路——阿庇乌斯路。这条大道从罗马南下直达意大利工业中心卡普亚，之后不久，罗马又修了一条北上的弗拉米乌斯路，直达亚得里亚海滨的北方重镇阿里米昂。再从这条北上大道延伸至波河流域，就可与法、德、瑞士、奥地利等地相连，通达之途更为广阔。

到公元前2世纪，罗马陆续建成几条大道，奥莱丽亚大道以罗马为起点，向西北直达热那亚；瓦莱里亚大道横贯亚平宁半岛；还有一条称为拉丁大道，沿着罗马地东南方向延伸，在卡普亚附近与阿庇乌斯路连接。

首都罗马用道路和意大利各地、英国、西班牙、小亚细亚部分地区、阿拉伯以及非洲北部联成整体，并把这些地区分成十二个行省，共有约三百二十条联络道路，总长达到七万八千千米，以维持帝国在该地区广大地区的统治地位。

有这么多的高水准道路通向四面八方，所以也就留下那句"条条大路通罗马"的谚语。

整个帝国庞大的道路网，以二十九条干道为主体，工程技术标准和便于通行程度非常高，史学家认为，这种道路工程是罗马"最有特色的文化纪念物"。

就第一条大道"阿庇乌斯路"来说，它工程品质可靠，坚固牢实，"全天候"使用，无论雨雪风暴、翻山过桥随时都可以保证畅通。平时的交通军旅以坐骑为主，货物则用军运，因此这种道路必须宽度划一，足容数队军骑来往通行，还要保持路线基本平直，上下坡度力求低缓，桥涵设施配套齐全。

为适应行军需要，路面本身用沙石铺筑四层：最下一层是基础层，铺以泥灰或沙，并夯实，作为路基；第二层是石块与灰土混合铺筑，石块大约有拳头大小，用以充实路面、保证一定的高度；第三层是混凝土（或石灰），与下面一层粘牢，为路面提供牢实的基底；有时候工人铺设碎石或粗沙掺以泥灰，再用滚压机压平。最后一层，也就是军骑直接接触的路表面，用平整的石块铺成，接缝处十分严密，石块整齐划一，每块约为一公尺至一点五公尺长。路面中间稍稍隆起，形成小弧形，这样下雨的时候水就不会聚集，而是顺势流向边边，分散到两旁的下水道。

路边有石砌保护，有排水沟。

主要军用大道宽约十一、二公尺，路中间硬面部分宽约三点七至四点九公尺，供步兵通行，外侧为骑兵道，宽约二点五公尺。这种建筑工程技术的标准是修筑阿庇乌斯路时拟定的，以后其他路的修筑都纷纷仿效。

铺设罗马大道要从异常精确的勘查开始，在开阔地带，道路是直的，在凹凸不平的乡间，则要穿过地势较高的地区。必要时，需开凿隧道通过山坡，遇到沼泽地带时，堤道则把它抬高。

由于还没有电的发明使用，勘察人员经常靠点火调准路线，大部分在黎明和傍晚时分完成。为了完成任务，他们还依赖各种不同的仪器：便携式日晷，以确定方位；量角仪——一根木杆上装有水平交叉横木，四端各用线垂一重物，用来测量直线和直角。

# 特洛伊城之谜

历史上很少有故事能像"特洛伊战争"的传奇故事那样流传至今！公元前 8 世纪，希腊吟游盲诗人荷马写下了两大史诗：《伊里亚特》与《奥德赛》，它们讲述了发生在特洛伊的两场残酷的战争。在古希腊文明的全盛时期（前 700～前 200），特洛伊战争被视为希腊人早期的一段历史，阿基里斯和阿伽门农都是古希腊文化中的英雄，特洛伊也被誉为古希腊人获得辉煌胜利的地方。那么，这座不朽的城市特洛伊到底存在不存在，成为考古史上的千古之谜。

据说，亚历山大大帝在公元前 334 年进军攻打波斯人的途中，在特洛伊城作短暂停留，为曾经帮助希腊人战胜特洛伊人的神灵献祭。像他那个时代的其他人一样，亚历山大大帝把荷马史诗中的每一个故事情节都视为史实。

后来，当罗马人兴起而统治了地中海沿岸国家时，他们对特洛伊故事十分感兴趣，还兴建了一个叫新特洛伊的城市，该城位于现在的土耳其境内。然而在公元6世纪时，罗马人离开后，这座城市就已经废弃不用了，所以迄今为止，没有人能确切知道特洛伊在当时究竟位于何处。

岁月的流逝消磨了历史的真实。到了19世纪，《伊里亚特》和《奥德赛》虽然仍被视为文学的初期经典之作，但是没有西方人真正相信它们是真实的了。特洛伊和特洛伊战争也被视为模糊不清的神话或传奇，学者们甚至开始怀疑究竟有没有荷马这个人。

1822年，考古学家谢里曼在德国出生，七岁时谢里曼读到了特洛伊战争的故事，这在他幼小的心灵上打下了深深的烙印，他执拗地相信特洛伊是真实存在的，并发誓在长大后，一定要找到它！成年后的谢里曼不停地挣钱，他投资房地产，做军火生意，从而获得巨额利益。1868年，他到了希腊和小亚细亚——这片荷马史诗中的土地，激动万分的他决定放弃生意，奋力去发现这传奇中的特洛伊城！谢里曼首先来到了伊萨卡岛，这是希腊的一个岛，《奥德赛》中的主人公奥德修斯和他的妻子珀涅罗珀传说就住在那里。他雇用了四个民工，在传说曾经是奥德赛宫殿的遗址上动工发掘。当民工挖出两个装满灰末的罐子时，谢里曼心中大喜，他想：这是不是奥德赛和珀涅罗珀的骨灰呢？！他想马上找到证据以验证荷马史诗的准确性，于是他又赶到了土耳其爱琴海的另一边。

土耳其西北部的两个遗址早已和特洛伊传奇有着神话般的联系，这就是名叫布纳巴西的村落和称为西沙里克的小山。谢里曼手捧着荷马史诗，在这两个遗址上进行着他的考察，他认定西沙里克小山更加符合他在《伊里亚特》史诗中所找到的特洛伊城的位置。两星期后，谢里曼挖出了一段石墙，他坚信，这就是荷马在史诗中描写的特洛伊城墙！

在西沙里克小山，谢里曼雇用了一百二十名民工，纵贯小山两端，挖出了一道一百三十英尺长的坑。令人吃惊的是，他发现的不仅仅是特洛伊，而是埋在下面的一大片城市！一层一层的废墟一个压一个，一共有四十五英尺深！每一层代表着一个城市——一个在前一个废墟基础上建造的城市。各层之间又有多层泥土相隔。

谢里曼对上面几层，不太感兴趣，因为他认为真正的特洛伊，即荷马史诗中的特洛伊，应该是在最下面或靠近最下面的地层。所以，使后来的考古学家深感遗憾的是：谢里曼支使他的民工残忍无情地用大车拖走了成千上万立方码的泥土和石头，使这座遗址小丘上面几层具有考古实证价值的地层，在他大刀阔斧向底层鲁莽发掘下丢掉了！

这次大规模发掘的高峰一直持续到 5 月底，此时的谢里曼已经发掘出了考古学家所能发现的最不平凡的遗址之一：普里阿摩斯国王的黄金宝藏！他发现大量的黄金饰物一个紧挨一个存放着，好像它们之前是放在木箱里，而木箱随后又腐烂掉了。

后来，在坑的顶部的一个小室里，谢里曼又发现了许多金银器皿，还有一些银锭和工具。但是，最令人瞩目的还是黄金珠宝饰物，包括三件头饰、六十只耳环、六只手镯及近九千颗黄金珠子（谢里曼后来用这些珠子打成一条异常珍贵的金项链），这是当时考古学上最有价值的发现。

然而，普里阿摩斯宝藏却给谢里曼带来了麻烦。虽然宝藏是在土耳其发现的，但是谢里曼却准备把他交给希腊；而希腊政府慑于土耳其的威力，不敢接受这笔财富；最后，谢里曼只有把它们送到德国，存放在柏林一家国立博物馆中。第二次世界大战期间，德国的艺术珍宝（包括特洛伊的黄金宝藏）被统统打包，藏进了地下碉堡，以避不测。在大战结束的一片混乱中，取胜的俄国和美国军队占领了德国，许多珍藏品便不翼而飞，特洛伊的黄金宝藏也从此消失！历史学家们哀叹这样的损失，担心这批稀世文物是不是已经被熔铸成了金锭？

至此，普里阿摩斯藏宝的命运又成为现代考古学的最大秘密之一，考古学们甚至开始怀疑谢里曼所描述的寻宝经过是否真实？

谢里曼是"如何"与"何时"发现这批藏宝的细节可能永远也不会

有人知道了，但这批藏宝到底流落何方？1993年，俄国政府揭开了谜底：谢里曼所发掘的藏宝在大战后就转移到了莫斯科。由于土耳其、希腊、德国、俄国在这批藏宝的所有权上展开了激烈争论，所以珍宝在1996年才在莫斯科展出。这是藏宝出土半个多世纪后第一次公开亮相。

据现代考古学家推断，"普里阿摩斯主藏"发掘的地层，形成于公元前2500年至前2200年，这比传奇中的特洛伊战争年代要早一千年。看来，谢里曼错认了特洛伊。他雇佣来监督工程的威廉·多朴菲尔德专家根据各地层所属年代的考察，发现出土黄金的整个废墟遗址从下往上由九个不同地层构成。特洛伊Ⅰ可追溯到大约公元前3000年；特洛伊Ⅱ（谢里曼认为的特洛伊），形成于公元前2500年至前2200年；特洛伊Ⅵ，则是公元前13世纪，也就是《伊里亚特》史诗中所描述的年代；特洛伊Ⅷ，是亚历山大大帝在公元前4世纪所来到的这座希腊城市；特洛伊Ⅸ，为最上地层，是古罗马的新特洛伊城。

20世纪一位名叫卡尔·布勒根的美国考古学家，在谢里曼和威廉所遗留下的、未被发掘过的小丘地区，获取了大量关于特洛伊Ⅲ、Ⅳ、Ⅴ的资料；他把威廉划分的9个地层进一步分成46层。他断定：特洛伊Ⅶ地层当中的一层最有可能是传奇中的特洛伊。考古学家们已经着手对特洛伊的史前遗址进行考察，但迄今为止几乎没有任何新的进展。

与谢里曼不同，今天的考古学家们把特洛伊视为具有悠久而曲折复杂历史的名城。特洛伊无疑是古时一大强国，它位于海岬之上，俯视着欧亚之间的重要贸易通道，即地中海与黑海之间的航道。处于这样一个贸易与旅游交叉路口的城市，特洛伊极易卷入战争并受到攻击，这类型的冲突就可能为数世纪的人所记忆，并代代相传，从而给荷马的传奇故事增添了更多渲染力量。

今日的西沙里克已经完全不是1870年谢里曼开始发掘的那个泥土覆盖的小山丘了，它就像一个采石场，被打成许多的孔洞和壕沟，还有崩破的石墙，遗留下一摊面目全非的城市痕迹。它目前是土耳其的主要文化景观之一，每年吸引着三十万观光者来到这里。

## 卫城之谜

几千年前,雅典人在小小的山丘上建造出了驰名世界、名垂千古的建筑杰作——雅典卫城,成为古希腊建筑的重要标志。历史的变迁,使许多文明的遗址埋没地下,随着近代考古学的发展,古希腊雅典卫城失落何方也成为备受关注的一个未解之谜。

雅典卫城是雅典公民在希波战争的卫城废墟上重新建立起来的,无论是它的外部轮廓还是它的内部构造,在当时的建筑事件中都堪称是一个壮举。

古希腊传记作家普鲁塔克曾生动地描绘雅典卫城的修建状况:

"大厦巍然而起,宏伟卓越,修容内美,不可企及,建筑者各尽其能,竞献其技,以求艺术美使他们的工作质量步步提高;建造迅速,更令人惊讶不止,这些杰作中的任何一件,人们都认为,不经历世世代代努力,就休想把它完成,但出乎意料,这种伟业壮举在一个朝代的鼎盛时期,一举建成告竣。"

从走过的足迹来看,雅典卫城的命运真是多灾多难的。它先是被东罗马帝国统治,大约公元5世纪,基督教进入雅典,渗透进古希腊文明的经脉。供奉雅典娜女神的帕德讷神庙被改为基督教堂,玛丽圣母玛利亚代替雅典娜成为其主人。神庙的内部被改造,基督教徒的彩绘贴满四壁,统治者还命令在西面重新开了一个大门。

15世纪,随着东罗马帝国的灭亡,雅典又沦为土耳其帝国的领地。1456年,帕德讷神庙又被改为伊斯兰教的清真寺,庙内一切有关基督教的东西全被拆除,更换为伊斯兰教的信物。时光荏苒,帕德讷神庙几经变迁,却依然坚固屹立着。

1687年,威尼斯人围攻雅典,坚固的帕德讷神庙被土耳其人用作火药库。当年 9 月 26 日，威尼斯大军一炮命中帕德讷神庙，弹药爆炸后，灰飞烟灭，这座古希腊人的杰作就这样被无辜地毁掉。当威尼斯军队的总司令来到残破的神庙前时，看到西山墙上的波赛冬雕像以及牵引雅典娜女神战车的奔马散落在废墟中，便命令部下将其带走。可惜那个部下太过笨拙，一失手雕像跌落，摔得粉碎，仅残存的文明遗物也未能保留下来。

历史上的多次事件证明，岁月的流逝、自然界的剥蚀对人类文明遗址来说无疑是一个破坏因素，但它们毕竟是有限的，而人为因素的毁坏则是无度的、彻底的。帕德讷神庙的毁坏并没有引起土耳其的关注，一年之后，土耳其人卷土重来，他们又在帕德嫩神庙的废墟上重新建立了一座清真寺。

几个世纪过去了，雅典卫城的遗址被埋没地下，悄无声息。

19 世纪，考古学的兴起，对古希腊文明遗址的追寻引发了人们对雅典卫城的重新关注。

1801 年，英国驻君士坦丁堡大使埃尔金来到雅典卫城，因为他收购了帕德讷神庙附近的两座民宅。让他惊奇的是，工作人员在拆毁这两座民宅时，在其中一座里发现了无数的破碎雕像。当地农民并不知道雕像的史料价值，而只是把它们用作石料来盖房子了。像这种完整的石块存在还算深的烙印，他执拗地相信特洛伊是真实存在的，并发誓在长大后，一定要找到它！成年后的谢里曼不停地挣钱，他投资房地产，做军火生意，从而获得巨额利益。1868 年，他到了希腊和小亚细亚——这片荷马史诗中的土地，激动万分的他决定放弃生意，奋力去发现这传奇中的特洛伊城！

谢里曼首先来到了伊萨卡岛，这是希腊的一个岛，《奥德赛》中的主人公奥德修斯和他的妻子珀涅罗珀传说就住在那里。他雇用了四个民工，在传说曾经是奥德赛宫殿的遗址上动工发掘。当民工挖出两个装满灰末的罐子时，谢里曼心中大喜。他想：这是不是奥德赛和珀涅罗珀的骨灰呢？！他想马上找到证据以验证荷马史诗的准确性，于是他又赶到了土耳

其爱琴海的另一边。

土耳其西北部的两个遗址早已和特洛伊传奇有着神话般的联系，这就是名叫布纳巴西的村落和称为西沙里克的小山。谢里曼手捧着荷马史诗，在这两个遗址上进行着他的考察，他认定西沙里克小山更加符合他在《伊里亚特》史诗中所找到的特洛伊城的位置。两星期后，谢里曼挖出了一段石墙，他坚信，这就是荷马在史诗中描写的特洛伊城墙！

在西沙里克小山，谢里曼雇用了一百二十名民工，纵贯小山两端，挖出了一道一百三十英尺长的坑。令人吃惊的是，他发现的不仅仅是特洛伊，而是埋在下面的一大片城市！一层一层的废墟一个压一个，一共有四十五英尺深！每一层代表着一个城市——一个在前一个废墟基础上建造的城市。各层之间又有多层泥土相隔。

谢里曼对上面几层不太感兴趣，因为他认为真正的特洛伊，即荷马史诗中的特洛伊，应该是在最下面或靠近最下面的地层。所以，使后来的考古学家深感遗憾的是：谢里曼支使他的民工残忍无情地用大车拖走了成千上万立这项浩大的工程持续了一个多世纪，许多古遗址得到重点修复。直到第二次世界在继续。

雅典卫城遗址的系统而有组织的挖掘工作让人们对其总体布局有了越来越多的了解，遗址出土的大量雕刻、铭文、陶器，为人们研究古希腊的艺术发展脉络提供了重要的线索。

## 众神国土上的艺术之谜

神在两河流域人们的社会生活中扮演了极其重要的角色。从无处不在的各种庙宇的兴建，到文学作品的方方面面，无一不被打上了很深的宗教烙印。上至国王，下至奴隶，人们无一不受到神的支配。

因此古代两河流域日常社会生活的宗教思想同样也影响了古代两河

流域的艺术。

两河流域最重要的艺术形式是石雕、浮雕艺术等。由于这类艺术品容易存留下来，所以，我们对两河流域雕刻艺术的了解主要来自出土的石雕、浮雕艺术品。

如今这些精美绝伦的艺术品在西方的大英博物馆、罗浮宫和美国的大都会博物馆等地重见天日，让一睹它风采的人们感怀万千。而当我们面对它们时则不禁感叹：地球上恐怕没有哪一个地方像两河流域地区那样屡遭战争的蹂躏！在新巴比伦灭亡后，它又经过了波斯帝国、希腊人的马其顿帝国和塞琉古帝国、伊朗的帕提亚帝国、拉丁语的罗马帝国和希腊语的拜占庭帝国、赛姆语的阿拉伯帝国、阿尔泰—通古斯语的蒙古伊利汗帝国、突厥语的奥斯曼土耳其帝国和西方的不列颠帝国的多次易手，最终成为以阿拉伯民族为主的独立国家。沧海桑田间，两河流域的土地上产生了无数的城市废墟。现在，沙漠和战争仍然是这一片土地上最鲜明的主题。千年文明的断层和古代天堂的失落，使得它更具有悲剧色彩的庄严美丽。希望终有一日，人们能比现在更深刻地理解它的内涵，揭开它留给后人的千年之谜。

## 古巴比伦的通天塔之谜

5 000多年前的无比伦壮丽的巴比的通天塔，堪与埃及著名的金字塔媲美，形状也有几分相似。通天塔塔基的长度和宽度各约91米，用巨大石头筑砌成7层台阶，一层垒叠一层，一阶高出一阶，高度近百米，足与当今的电视塔争相伯仲。在高耸入云的顶上，还建有宏伟的庙宇……据说，它是天上诸神前往凡间住所途中的踏脚处，称得上是天路的"驿站"或"旅店"。

5 000多年以前，世界上多数民族还处于是茹毛饮血的蒙昧时代，在幼发拉底河和底格里斯河之间一隅……古希腊人称为"美索不达米亚"，意即两河之间的地方，竟然立起如此气势磅礴、巍峨雄伟的通天塔，不能不令人叹为观止，更不能不使当时的目睹者做非分之想。

通过有关的零星记载和片言只语以及神话传说，人们依稀知道，昔日的巴比通天塔，可与列为世界古代七大奇迹之一的"空中花园"齐名，它一起被视作5 000多年前美索不达米亚城鼎盛时代的标志。但是，像空中花园现已荡然无存一样，巴比通天塔在经历过历次的洗劫后，也只留下了一片废墟。巴比通天塔既是世界上著名的古代奇迹，也是一个难以译解的谜团。

称得上有价值的记载，是在通天塔旁边马都克神庙内发现的一块珍贵的古碑。它上面镌刻有古代希腊历史地理学家希罗多德在公元前460年游览巴比伦城时，对已经荒弃的巴比通天塔的赞词："它有一座实的主塔，上面又有一层，再上是第三层。一共有8层。外缘有条螺旋形通道，绕塔而上，直达塔顶。约在半途设有座位，可供歇脚。"他说8层，想必是把塔基的土台或塔顶的圣所也计算在内了。他记下的塔基，每边长有90米，高度也约90米。据考古学家查考，塔基边长的确切数为90多米，可见碑文所载相当准确。

巴比通天塔天花板塔顶上："建有一座神庙，里面有把精致的大睡眠椅，铺陈华丽，旁边有一张金桌子。但是神殿内并无神像……"

巴比通天塔和美索不达米亚其他庙塔一样，都用砖构筑，原因是当地缺乏良木和岩石。

为使庙塔的巨墙外观不至于显得单调，工匠们聪明地建造了高大的斜桥和斜形阶梯，再用支墩作装饰，把巨大平面的墙巧妙地分成了有变化的几段。从现代建筑技术的角度来看，这种巨大立面的处理手法是十分高明的，很合乎建筑艺术的法则。

巴比通天塔在公元前689年亚述国王西拿基立攻陷巴比伦城时遭到摧毁。后来的统治者几欲重建，终因其工程浩大而未能如愿，并随着巴比伦的覆灭而最终消失在历史的烟云中，给人们留下一个未解之谜。

## 圆形竞技场之谜

中世纪有位英国诗人贝达,他曾经说过:"圆形竞技场崩溃时,就是罗马灭亡之时。"这里的圆形竞技场就是指罗马的科洛塞穆竞技场,它以其独特的建筑风格被称为"古代世界最为宏伟的高超建筑",罗马人更是以其作为帝国精神的象征,扬言"科洛塞穆永不倒"。"科洛塞穆"竞技场究竟是什么样子的建筑?它真的永不倒吗?

科洛塞穆竞技场位于罗马古城区的威尼斯广场南面,是罗马帝国时期的皇帝维斯巴夏在位时修建的,始建于公元72年,历经八年后,由其子提图斯完成的。这个竞技场是古罗马建筑风格的典型代表,以其庞大兼顾实用和精美而闻名于世,即使经过了一千九百年的风风雨雨后仍然引人憧憬。

在拉丁语中,"科洛塞穆"的意思是"巨大的",因此人们又称为大角斗场或者圆形大剧场。其实,它的主要用途是角斗表演,准确地说,它是一个多功能的体育场。然而,不可思议的是,它的牢固耐用的内部构造、精美宏伟的外部设计,即使在现代化的今天,用先进科技建筑的体育馆都难以与之相媲美。

这座古代世界规模最大的竞技场,外墙高四十八点五公尺,相当于现在一个十二层大厦的高度,整个外观呈现椭圆形,长径达一百八十八公尺,短径为一百五十六公尺,圆周长为五百二十七公尺,总占地面积达到两万平方公尺。

观众席可容纳五万人,共分四层四区,六十排,每层以百分之六十二的坡度向上升起,全部用大理石装饰。座位最前面是贵宾席,中间是骑士席,后面的是平民席。因为分有四个区,各区的观众对号入座,所以并不会发生纷乱的现象。第四层上开有四个门,西北门为正门,西南侧和东北侧为皇室家族专用席,里面设有柱子,用来挂遮阳棚。最高处还有一圈柱廊,供卫士和管理棚顶的人员休息。

竞技场全用砖石、水泥来修筑,底下两层是用巨型石柱和石墙,可承担巨大的压力，拱顶用水泥和砖，牢固耐磨，上面两层全是用水泥，外表再用华石进行装饰。重量自下而上逐渐减轻，下层最牢固，但上层也很坚实。所以罗马人会有"科洛塞穆永不倒"的谚语。

竞技场的中心是表演区，场地呈现椭圆形，长达八十六公尺，宽约五十七公尺，奴隶们在此表演角斗或者用来斗兽，以娱观众。因为表演区地势很底，距离最前排的贵宾席还低五公尺，所以可以灌满水用来表演舟船海战。恐怕现在的体育馆也很少有这样多功能的表演区。

不要以为表演区是竞技场底最底层，像大轮渡一样，在表演区下面还有地下室呢！大约有八十个房间，设施齐全，上面有厚实的木板，下面有排水的管道。房间分别为乐队室、道具室、角斗士医务室、兽栏等等。

这么一个庞大的竞技场，五万观众蜂拥而至的时候，罗马人是怎样保证入场的秩序的？观众是如何入座的呢？

罗马史书中有这样的记载："皇帝和他的全家坐在光彩夺目的包厢里；元老和骑士各自有特别的座位，他们穿着特殊的紫色镶边的礼服；战士和市民分开就坐。如果平民要坐在底部两排重要的位置上的话，那他就得穿上庄重的白羊毛制作成的宽外袍，这是公民合乎礼仪的衣服。已婚男人和单身汉分开就坐。男孩子们单独坐在一个区域，他们的老师紧靠着他们坐在邻近的位子上。

妇女们、穿灰褐色衣服的贫民和穿丧服、戴孝的人只能坐或者站在竞技场的顶层。神父和修女们坐在靠前面的位置。衣着的不同和行列的隔离，强调了在这个场合正式礼仪的成分，正如严格的排列座次反映了严峻的罗马社会阶级差别一样——你应该坐在哪个位置上，在哪个位置上就一定能看到你。"

科洛塞穆竞技场的宏伟壮观，使它在日后的古典建筑中备受青睐。

它的外部共分四层，除最上一层保持开有小窗的墙面外，其余各层都开以拱门，每层八十拱，三层共有二百四十拱之多，远看气势宏伟，近看则拱门叠错，虚实相间，而每个拱门两边用古典柱子夹插并立所形成的柱式——拱门联合结构，则将建筑的力度与美感结合起来，相得益彰。

当时，罗马建筑已经充分的运用希腊古典柱式的技巧。竞技场的第一层拱门用质朴坚实的多利亚柱式，第二层拱门用秀美的爱奥尼亚柱式，第三层采用华丽的科林斯柱式，第四层墙面则用了罗马人偏爱的方倚柱。这样由低到高，由坚实到轻巧富丽，建筑本身的功能和装饰的节奏便得到了极好的配合。而且，第四层的墙端立柱虽起支撑遮阳棚的作用，更主要的是增加建筑外观的美感，使建筑整体虚实相间的配合显得更有气韵。

建筑史学家认为，以层层柱式分割建筑立面的做法，具有独特的妙处：建筑经分割而显得秀巧，它可使人在庞然大物般的建筑面前感到亲切而悠然自得，从而表现出古典的人本主义精神。

面对如此巨大的建筑，任何人都可能感到气馁，感到人的微不足道。罗马的建筑师在构思竞技场的时候也想到了这一点。

他们一方面让罗马市民欣赏到了他们创造的宏伟，同时又要避免人们跟庞然大物相比产生的渺小感：当人们只同圆柱和框橡构成的单个矩形拱门相比时，人就显得大多了！而且这样，罗马公民还能感到他自身是竞技场所代表的巨大帝国的一个有意义的组成部分，反而会产生一种自豪感呢！

自此以后，柱式和拱门结合以分割或组织建筑立面的艺术，成为古典建筑传统中极为重要的一部分。文艺复兴以来，西方各国的艺术家、建筑家总是在科洛塞穆的废墟中流连忘返，也许这座建筑的特殊艺术构思确实能给人以无限的启发和灵感吧！

## 美索不达米亚之谜

古代遗迹一直吸引着那些想有所作为的考古工作者们。在他们眼中，美索不达米亚平原是位于"太阳出现的东方"，对基督徒而言，此地是他们的"精神故乡"。

然而，美索不达米亚曾长久地湮没在历史的洪荒中。这片平原似乎不存在任何引人注目或激发想像的东西，没有任何迹象表明这里曾经有过一个人类为之骄傲的文明。从那些粗暴的贝督因人和凶悍的库尔德人身上，也看不出他们曾有过怎样高贵的祖先。

这里既没有金字塔和神殿，也没有石像和方尖碑，作为一度繁荣昌盛的见证,探险家们能找到的不过是一两块刻着无人能解读其符号的残砖。在这荒漠的平原上,四处都有一些土岗,那里是否就埋藏着被毁灭的城市呢?

1842年,法国人保罗·埃米勒·鲍塔被任命为美索不达米亚摩苏尔城的代理领事。他是个博物学家,曾经在法国驻埃及的领事馆任职,也在也门和叙利亚生活过。他富于幻想,精力旺盛,对历史尤感兴趣。在他到摩苏尔任职之前,就怀疑那里的土岗里埋藏着什么。

他一到达住所就挨户走访当地居民,问是否有古物,有便当即买下并追踪它的来源。在库允吉克,他先选了一个土岗进行挖掘,但挖了一年却一无所获,他的心凉了下来。就在此时,一个阿拉伯人跑来告诉他,在赫尔沙巴德村有很多有雕纹的砖头,他便派人前往查看。

一星期后,两堵平行的布满铭文和雕刻的墙被挖掘出来。鲍塔立刻赶到发掘现场,兴奋不已。雕刻在墙上的那些人物、武器、衣服、器具、楔形文字,他完全是陌生的,但他深知其意义重大。象形文字是在亚历山大征服这个地方后才停止使用的。鲍塔几乎可以断定,这些墙是亚述人造的。他迅速做出决定,把所有工人调到新工地,进行大规模的发掘。一堵接一堵的墙出土了,被岁月掩埋的房屋陆续从土岗里露了出来。所有的雕刻,如不可一世的帝王、奔驰的战车和骏马、袭击堡垒的战斗场面、斩首的实录、被残酷钉死或押送的俘虏……都使鲍塔确信,他挖出了一座亚述国王的宫殿。"如果事实的确如此,那我是第一个发现亚述帝国首都尼尼微兴盛时期的产物的人。"

他给友人的信,在法国引起了轰动,法国人以极大的热情支持这项发掘工作。3年后,一座大型的古迹显现出来,它是萨尔衮国王在杜尔——沙鲁金宫殿里的雕刻(萨尔衮堡即今伊拉克的赫尔沙巴德)。亚述已经沉睡了2 000多年。

1845年,英国人奥斯汀·亨·雷雅德也看中了这些土岗,他在库允吉克的土岗挖到了亚述王森那奇里布王宫的遗址。从不断发现的历史看,亚述是古代美索不达米亚的一个王国,公元前3000年,由塞姆(闪)人建立,公元前612~前609年为迦勒底和米堤亚联军摧毁。亚述人不仅以残忍和勇敢著称,在尼尼微、亚述城、尼姆罗德、赫尔沙巴德、库允吉克的考古发掘证明,他们还是巨大工程的建造者。亚述末代国王巴尼拔还喜欢书籍,他令人为他的私人图书馆收集了 3 万册书。在森那奇里布王宫中后期造的两间房里,雷雅德发现了王室藏书的半数。

另一位考古者霍尔姆兹·拉萨姆在巴尼拔的宫中挖到了藏书的另一半。

## 惊险奇幻的花园城市——巴格达

声名远播的巴格达不仅仅是现在伊拉克的首都,它作为阿拉伯帝国的都城,已有 1 200 多年的历史,可称是"千年帝都"。而若追溯到成为帝都前的历史,那么从古老的巴比伦重镇算到今日,巴格达已经历经了 4 000 多年的风霜。

横跨底格里斯河两岸的巴格达不仅是伊拉克的第一大城,也是阿拉伯世界的第一大城。巴格达的名字在阿拉伯语中的意思是"神赐给的地方"。巴格达有着众多的雅号,其中最值得一提的自然是"一千零一夜之城"。中国人耳熟能详的阿拉伯古典文学名著《一千零一夜》里,那富丽堂皇的宫廷府邸,美丽如画的城郭庭园,奇妙惊险的幻境以及浓郁的风土人情,都曾在这座古老的城市里留下一个又一个神奇传说。即便是在今天,巴格达市内仍有着以阿里巴巴命名的广场,而屹立在街头的众多故事人物雕塑也在向游人展示着那千年前的奇幻气息。

现在的巴格达是一座方圆 860 平方千米、拥有 530 多万人口的现代化城市,是伊拉克最大的城市和交通、商业与文化中心。巴格达城供游客观光的地方比比皆是。比如建于 1227 年的穆斯坦西里亚大学是世界上最古老的大学之一;竖立着阿拉伯历史名人大型系列雕像的统一公园、面积辽阔的祖拉公园和月亮公园等都是游客们观光的好去处。最吸引游客的要数祖拉公园里的一座模拟巴比伦遗址的"空中花园"。这座"花园"建筑在高台上,在浓密的花草树木丛中,古香古色的房屋、宫室、石阶、墙垣等时隐时现,远远望去,整个"花园"宛如飘浮在空中一样,仿佛那座被誉为世界著名的七大古建筑奇迹之一的巴比伦"空中花园"再现人间,让许多观光者心旷神怡、流连忘返。

## 海底渔人之谜

关于古巴比伦海底渔人的传说,几乎所有的苏美尔人都能描述:"大海中曾生活着一种半鱼半人的水下怪族,这些鱼人在一个叫欧安的首领的带领下从波斯湾水域游上岸来,在苏美尔城登陆,并且驻扎下来。这些鱼人教陆地人写字、种田,他们会金属加工。"

对传说中的这个鱼人首领欧安的精彩描述是:"鱼人族首欧安的整个身子长得跟鱼一样。在他脑袋稍低一点儿,在身体的下部长着一根鱼尾状的尾巴,他的双腿长得跟人一样。他讲的话语和说话的声音跟我们一样使人易懂。这个鱼人生物只是在白天同我们打交道,但他们不吃我们人吃的食物。白天,鱼人教我们建造房屋和庙宇殿堂,还教人总结和记载一些规律。鱼人还向人讲解几何学是怎样起源和创始的。太阳落山时,鱼人再潜入海底返回他们的水下故乡。因为他们是水陆两栖生物。"

鱼人族对我们现代人来说,简直是不可思议的。远古的世界究竟有没有鱼人族?目前尚没有科学的依据,我们只能拭目以待。

## 古巴比伦王国遗址之谜

在巴格达东南90千米附近,是"新巴比伦时期"的王国遗址。著名的"空中花园"和通天塔——"巴贝尔塔"都曾屹立在这片土地上。自近代以来,这片传说中的土地曾经引起了整个西方的极大兴趣,以致无数的探险家都来这里寻觅巴比伦的足迹。直到1899年,德国的考古者们才终于发现了这片古代城市的遗址——湮没于沙尘之下数千年的古老文明,终于得以重见天日。

巴比伦文明的遗迹并非只有巴比伦首都一处。在乌尔,就有苏美尔王朝的"赤塔"屹立千年。"亦塔"是乌尔国王献给月神的神殿,始建于公元前2100年,是一座由泥砖块垒起来的3层式塔庙。走近这座古神殿,最让人感慨的是,虽饱经了千年的风沙,但如今在它身上仍可看见刻满了楔形文字的砖块,令人顿感一种文化承载的厚重。

亚述的两个古都尼尼微和尼姆德也都位于今伊拉克境内。其中在尼尼微的遗迹里,发现了30 000块记载着亚述历史的粘土板。在这些古老的土板上,有着世人瞩目的关于诺亚方舟和大洪水的记载。尼姆德有着古老的宫殿遗址。宫殿门口的狮身人面像和里面石板上的浮雕向人们展示着它曾有过的辉煌和神秘。

# 印度巨石自行"飞翔"之谜

在印度西部的希沃布里村,有一对能随人们的喊叫声而自动离地腾空的巨石。这种现象似乎表明重力作用在一定程度上可以人为改变。

希沃布里村距孟买城约有185千米。在这个小村里有座安葬八百年前逝世的伊斯兰教托钵僧库马尔·阿利·达尔维奇的圣祠,吸引世界各地游客前往争睹的圣石,就并排摆放在圣祠前的陈旧台阶上。

这两块圣石只允许男人上前接近,大的一块重约90千克,小的一块略轻些。只要人们用右手的食指放在巨石下,同时异口同声且无停顿地喊着"库马尔·阿利·达尔维—奇—奇—奇",发奇字的声音尽可能拖得长一些,这样,沉重的圣石就会像活人般地顿时从地上弹跳起来,悬升到约两米的高度。直到人们把达尔维奇的名字喊得上气不接下气时,它才会落回到台阶上。圣石升高的这个过程,可以反复数次。

马克·鲍尔弗是专程赶去目击圣石升空的众多见证人之一。开始他没掌握好叫喊达尔维奇名字的诀窍,因而失败了;后来他掌握了要领和人们异口同声地高喊,岩石果然活了似的跳起,升腾空中,随之劈啪落地。鲍尔弗激动地喊起来:"再来一次!"岩石又一次升上天空。"真灵",他完全信服了。

据记载,这巨石的升空方法是达尔维奇生前透露给人们的。800年前，圣祠所在地原是一座健身房，那两块巨石是供摔跤手来练习使用的。儿时的达尔维奇经常光顾这里，他常常显示出自己灵敏的生命机能和超人的力气。过了许多年，在健身房拆除后，达尔维奇这位伊斯兰教徒对周围的人说出了这样的秘密："那两块巨石任你们使出全身力气也未必可以举起，除非你们重复叫我的名字。"他还告诉人们，用一根右手手指就可使那块大的巨石升空，而那块较小的岩石只需用九根手指头同样也能使它升起。至于更多的秘密，达尔维奇只字未提。

从那个时候起，人们就一直沿用达尔维奇教给的方法来使岩石腾飞。

现在，尽管科学还无法解释圣石升空的奥秘。但前去希沃布里村观看这一奇景的人却越来越多。印度国内的《亚洲》杂志等刊物都曾专题介绍过有关情况；《信不信由你》的系列电视片中也拍入了圣石升空的稀世镜头。确实，不管你信不信，任何人都可以亲身去参加一次圣石升空活动。

沉重的岩石飘然离地秘密何在？难道人们采用的特定方式能够改变重力作用么？不过，人们统一使用右手的手指、统一发出共同的声音，这究竟能够与物理力作用的变化发生什么样的联系呢？

## 希腊城邦的形成之谜

公元前 8 世纪是希腊地区在爱琴文明灭亡后重新普遍出现国家的时期，此时的国家皆以一个城市或市镇为中心，结合周围农村而成，一城一邦，独立自主，故称希腊城邦。希腊城邦的形成为希腊文明注入了一支强化剂，在希腊的发展中显示出十分重要的作用。

作为一个古老文明的承载者，希腊城邦有着其独特的地方。希腊城邦是怎样形成的呢？

在留传至今有关这一时期的文献史料较多集中于诗人希西阿德（约生活于前 750～700 年间）的诗篇中，史学界遂称之为希西阿德时期，这是希腊城邦最初形成的时期。

在荷马时代之末，随着铁器的普遍使用，希腊社会发展速度加快。

从公元前 9 世纪晚期到 8 世纪初,雅典和希腊中部的优卑亚岛已有贵族(甚至称为"王族")的豪华墓葬,铁器和青铜生产大有发展,优卑亚岛的勒夫康迪且在叙利亚的阿尔·米纳建立商站,恢复了和东方的海运贸易与文化联系。在希腊社会内部,阶级分化明显,奴隶逐渐增多,终于达到建立城邦——早期的奴隶制国家的程度。首先建立城邦的是邻近东方文明的小亚沿岸和爱琴海诸岛,以及希腊本土的雅典、优卑亚岛等文化最发达地区,继而有多利亚人占据的伯罗奔尼撒半岛和克里特岛等地,中希腊和北希腊也迅速赶上,纷纷建城立国。因此,在公元前 750 到 700 年间,众多的城邦涌现于希腊世界,如满天星斗般闪现文明的光辉。

这时,希腊各地生产力有新的增长。铁制工具普遍使用,农业中有装铁铧的重犁及铁锄铁斧铁锹施展威力,希腊多山而贫瘠的土地因之成片地得到开垦与深耕。各地除种植葡萄、橄榄两大经济作物外,粮食生产也有较大增长,而手工业中制陶、造船、冶金业的发展尤为明显。对希腊城邦的形成具有特殊意义的因素则是和东方的联系。这时希腊和东方的商业联系已恢复甚至超过爱琴文明时的水平,希腊本土和东方交往并不限于商业,希腊对东方文明先进遗产的吸收也硕果累累,希腊这个后起的文明很快就利用了东方文明历经数千年才取得的丰盛成果。这些发展表明希腊城邦形成之际已站在较高的历史起点上,和数千年前古代东方文明最早建立国家时不可同日而语。

在希西阿德时期,与城邦建立同时,希腊世界出现了标志希腊文明光辉的一系列重大发展:希腊人袭用腓尼基字母,创造了自己的文字;第一届奥林匹克运动会于公元前 776 年举行,使希腊各邦有了共同的传统节日和历史纪年;继荷马之后,希西阿德这位农民诗人开展了诗歌创作,不仅为希腊文学揭开了新的篇章,也为世界文学宝库留下了不朽的典范作品。

希西阿德出生于希腊中部的彼奥提亚,有《神谱》和《田功农时》等诗篇传世,前者记述了希腊的神话传说,后者则抒写农业劳作和农村生活,是了解当时社会状况主要的、最生动的材料。希西阿德虽是土生土长的农民诗人,他的视野却很广阔,具有很高的文化水平。这反映希腊城邦形成初期文化普及已有较好成效,一般公民素质不低。这和希腊海运方便、人员往来较易、信息传播较快有关,也和当时使用的字母文字简单易学、城邦公民生活相对自由宽松有关。因此，希西阿德的诗篇也在一定程度上，说明了希腊城邦体制自有其不同于其他古代文明的特点。

一般而言，世界各民族从原始社会进入文明社会，最早建立的国家都是城邦类型的小国，再由小国演变为大国以至帝国。希腊文明的特点却是，它保留城邦小国纷立的局面远较其他文明长，而且是在城邦体制下达到其文明的繁荣昌盛的高峰。那么，希腊城邦体制又有什么特点呢？

应该说，这种小国寡民的城邦最本质的特征就是其公民政治获得了较充分的发展，乃至建立起了奴隶制民主政治。从军事民主制转变为阶级国家，最早的小国通常都有国王（由军事首领或宗教首领变为国王）。希腊城邦亦不例外，各邦最早都有传说中的国王与王朝，另外还有贵族会议和公民大会。但在发展过程中，王权却不像东方各国那样日益强大，反而逐渐衰微；绝大多数城邦终于废弃君主而实行共和；而后又限制贵族的权力，乃至在一些城邦中推翻贵族统治，建立了古代公民权利最发达的民主政治。因此，城邦建立数百年后，希腊著名哲学家亚里士多德在《政治学》中总结城邦公民政治说："（一）凡有权参加议事或审判职能的人，我们就可以说他是那一城的公民；（二）城邦的一般涵义，就是为了要维持自给自足的生活而具有足够人数的一个公民集团。""城邦不论是哪种类型，它的最高治权一定寄托于'公民团体'，公民团体实际上就是城邦制度。""凡享有政治权利的公民的多数决议，无论在寡头、贵族或平民政体中，总是最后的裁判，具有最高的权威。"城邦公民政治的这个本质特征，有助于希腊奴隶制经济形成以小规模的私有制为主和商品经济较发达的特点，更对希腊文化能取得优秀成就影响巨大。

希腊城邦建立以后，便有海外殖民运动的开展，直到公元前 6 世纪的 200 多年间，希腊殖民者开疆立国多取扬帆渡海之路，在地中海区域广泛开展殖民活动，在这些比希腊本土不知大多少倍的海岸地带建立了众多的殖民城邦。这些殖民活动已为近年的考古发掘证实。用希腊人自己的比喻说，这些新邦为数众多地分布于地中海、黑海地区，犹如雨后池塘周围此呼彼应的青蛙一样。这种海外殖民活动，其范围之广泛与影响之深远在古代是没有先例的。希腊的海外殖民不仅和古代一般的民族迁移不同，更与近现代的资本主义殖民侵略有别。所有殖民地都是希腊世界的新成员，它们在政治、经济、文化各方面都和希腊本土诸邦相类似，殖民城邦最集中的海外地区——意大利南部且有"大希腊"之称。

海外殖民不仅缓解了希腊城邦发展过程中的内在矛盾，还大大促进了整个希腊世界的经济发展，尤其是商品经济的发展。希腊本土可从殖民地区获得粮食及铜铁锡等原料，同时以本土所产工业品和油酒之类相互交换，双方皆获利而使希腊世界的奴隶制商品经济获得较充分的发展，这可说是海外殖民为希腊城邦文明作出的最大贡献。